· 企业财务风险控制丛书 ·

U0649110

税务筹划与财务风险管控

· 案例版 ·

黄 玲 马迎迪 ◎著

中国铁道出版社有限公司

CHINA RAILWAY PUBLISHING HOUSE CO., LTD.

图书在版编目（CIP）数据

税务筹划与财务风险管控：案例版/黄玲，马迎迪著．—北京：
中国铁道出版社有限公司，2024.1（2025.4 重印）
（企业财务风险控制丛书）
ISBN 978-7-113-30559-8

Ⅰ.①税… Ⅱ.①黄… ②马… Ⅲ.①企业管理-税收筹划②企业
管理-财务管理-风险管理 Ⅳ.①F810.423②F275

中国国家版本馆 CIP 数据核字（2023）第 180157 号

书　　名：**税务筹划与财务风险管控（案例版）**
SHUIWU CHOUHUA YU CAIWU FENGXIAN GUANKONG (ANLI BAN)

作　　者：黄　玲　马迎迪

责任编辑：王淑艳　　　　　　编辑部电话：(010)51873022　　　　电子邮箱：554890432@qq.com
封面设计：末末美书
责任校对：苗　丹
责任印制：赵星辰

出版发行：中国铁道出版社有限公司（100054，北京市西城区右安门西街 8 号）
网　　址：https://www.tdpress.com
印　　刷：天津嘉恒印务有限公司
版　　次：2024 年 1 月第 1 版　2025 年 4 月第 4 次印刷
开　　本：710 mm×1 000 mm 1/16　印张：13.5　字数：265 千
书　　号：ISBN 978-7-113-30559-8
定　　价：79.80 元

在近三十年的工作中，笔者接触过许多企业家。其中，很多企业家疑惑：国家明明没有参与交易方的经营，为何要通过收取税款的形式享受利益的分配呢？对提出疑问的企业家，笔者往往会这样反问："谁在保障整个社会的治安，让交易在安全的环境中得以顺利地进行呢？"毫无疑问，是国家机构。而用于维持国家机构运转的资金，正是纳税人缴纳的税款。所以缴税体现纳税人的社会责任感，是纳税人应尽的义务。

本书的目的是指导纳税人充分用好国家税收优惠政策，做好税收成本管控，以保障交易及经营在合理合法的前提下顺利进行。

本书特点

【全面系统】第 1 章至第 6 章从税种的角度，介绍增值税、消费税、企业所得税、个人所得税、房产税及部分小税种等常见税种的规划方法；第 7 章从行为角度，介绍投资和购销两个特殊行为的涉税规划；第 8 章从行业角度，选取具有代表性的六个行业——房地产、建筑、物流运输、服务、软件信息技术及生产制造等行业，具体介绍行业涉税规划方法。

【简洁明了】本书案例结构设计合理，呈现规划步骤，配有筹划工具图归纳总结规划方法，让读者一目了然。

【实操性强】笔者将理论知识与自身多年的实践经验相结合，依据企业经常发生的经济业务，通过人物对话、工具总结、筹划前后的效果对比，使读者感同身受，能够更深层次地理解税收筹划知识，并将其迅速转化为工作技巧。

【综合性强】任何一项业务活动都离不开"法、财、税"的融合。所有筹划活动应在"法、财、税"融合理念的指导下，以业务利益最大化为目标，合理合法地降低税收成本。本书中的案例考虑到税收筹划是否会影响业务的开展，是否会制约企业的发展，是否会增加财务管理的难度。

内容介绍

本书的每个案例都分为以下五部分。

【问题场景】全部为日常可能遇到的情形。

【筹划过程】通过企业负责人、财务负责人与财税顾问日常对话的方式，将整个分析筹划过程生动有趣地呈现出来，使零基础读者也可以完全理解。

【筹划工具】将案例中所使用的筹划方法和技巧进行归纳总结，帮助读者跳出案例限定的范围，举一反三，将方法运用到其他恰当的场景中。

【筹划效果】用量化的数据或文字展示筹划前后的差异。

【连线法条】充分展示筹划中所引用的法条，方便读者深度理解筹划原理。

书中的百余个案例旨在帮助广大读者掌握税收筹划、"法、财、税"融合的方法，帮助企业实现合法合理盈利。相信各位读者在阅读本书后，可以充分感受税收筹划的力量。

一些财会人员因为经验不足、税务专业知识少等原因，很难应对冗杂的企业涉税工作。本书以大量的案例、图表与分析、数据与计算，帮助企业财会人员学习常见税种的相关筹划知识，学会处理企业各项涉税业务。

本书对象

本书主要面向各类纳税人、企业负责人、财会人员及对税务工作感兴趣的人群，是一本有效指导纳税，且帮助读者了解并掌握企业常见涉税业务的税收筹划方法的图书。

致谢

本书是在张增强统筹、任康磊老师鼓励下，在王凤英、李全珍、许丽娟、吴秀娟、孙百庆、邵逢源、王文、蔡丽媛、郭凤华、谷小玉、杨秀飞、阮彦钧等税务师、会计师及律师支持下编撰完成。在此，一并表示感谢。

目　录

第1章　增值税的规划

第 2 章　消费税的规划

第 3 章　企业所得税的规划

第 4 章　个人所得税的规划

第5章 房产与土地相关税种的规划

第6章 小税种的规划

第7章　特殊行为的涉税规划

第8章　分行业的涉税规划

第1章　增值税的规划

　　增值税是国家税收的主要来源之一。增值税的特点是不重复征税，税负具有转嫁性，这也决定了增值税的复杂性。在整个交易链条中，消费者都是增值税的最终承担者，但厂家、商家是否能够将税负转移至下家，要取决于其对价格的谈判能力及增值税税负的规划水平。

1.1　小规模纳税人的涉税规划

小规模纳税人一旦转为一般纳税人，不仅仅财税管理成本高，也影响经营的灵活性。本节通过三个案例介绍保持小规模纳税人身份需要关注的问题。

1.1.1　改变结算方式，延长小规模身份

【问题场景】

晶喜技术服务公司（以下简称"晶喜公司"）为小规模纳税人，收入处于持续增长的态势。晶喜公司按季度申报增值税。2023 年 4 月至 12 月的收入已达到 480 万元，目前预估 2024 年 1 月至 3 月的收入会超过 20 万元。按照税法规定，连续 4 个季度累计应税销售额超过 500 万元，公司就达到了转为一般纳税人的标准。总经理刘星星联系财税咨询顾问吴秀娟，希望获得建议。

【筹划过程】

| 晶喜公司 | 吴老师，想麻烦您帮忙分析哪种纳税身份对公司发展更有利？ |

> 刘经理，晶喜公司可以获得的增值税专用发票比较少，可抵扣的进项税额较少，转为一般纳税人后，增值税税额会明显增加，而且税收管理成本也会增加。根据公司经营和管理现状，保持小规模纳税人的身份对公司发展更有利。

| 晶喜公司 | 一旦确认 2024 年第一季度的收入，就达到一般纳税人标准了。那能不能不确认收入呢？ |

> 滞后确认收入、延迟开发票等隐匿收入的手段都是违法的。如果可以和客户协商，将销售合同中的结算方式改为赊销或分期收款就可以解决这个问题。根据增值税的相关规定，赊销和分期收款的业务结算方式，纳税义务发生时间是合同约定的收款日期的当天。

| 晶喜公司 | 提前与客户结算不容易，但是延迟结算，他们肯定愿意配合。 |

但不利的是，公司会因此延迟收款，您需要在延迟收款风险和税负增长之间进行衡量。

【筹划工具】

● 通过结算方式改变收入确认时点 ●

小贴士：结算方式不同，增值税纳税义务发生时间也会不同。对增值税纳税义务发生时间有要求的企业可以采用改变结算方式的方法。收入确认时点的规则见表 1-1。

表 1-1　收入结算时点的规则

序号	业务结算方式	收入确认时点（纳税义务发生时间）
1	直接收款方式	收取货款或索取货款凭据的当天
2	托收承付和委托银行收款方式	发出货物并办妥托收手续的当天
3	赊销和分期收款方式	合同约定收款日期的当天，没约定的为货物发出的当天
4	预收货款方式	货物发出的当天
5	代销货物方式	收到代销单位的代销清单，未收到清单的以发出货物满 180 天的当天

【筹划效果】

筹划前，公司不可避免地将成为一般纳税人，税率为 13％，税负接近 7％；筹划后，公司得以合理合法地保持小规模纳税人的身份，每月继续以 3％的征收率缴纳增值税。

【连线法条】

《国家税务总局关于统一小规模纳税人标准等若干增值税问题的公告》（国家税务总局公告 2018 年第 18 号）规定，增值税小规模纳税人标准为连续 12 个月（以 1 个月为 1 个纳税期）或者连续 4 个季度（以 1 个季度为 1 个纳税期）累计应征增值税销售额未超过 500 万元。

《中华人民共和国增值税暂行条例实施细则》规定，采取赊销和分期收款方式销售货物，增值税纳税义务发生时间为书面合同约定的收款日期的当天，无书面合同的或者书面合同没有约定收款日期的，增值税纳税义务发生时间为货物发出的当天。

1.1.2　控制好临界点，尽享税收优惠

【问题场景】

2019 年，家珍大学毕业后，自己创办了家珍广告公司（以下简称家珍广告），主营业务为广告策划及创意。创业一年多，大多都是小客户。2023 年 4 月初，负责代理记账的公司来电通知她，需要向纳税账户转第一季度的税款，其中增值税 3 009.90 元。家珍很奇怪，自己公司是个小规模纳税人，开业以来一直在享受增值税的免税政策，难道增值税的政策又变化了吗？家珍忙向从事财税咨询的大学同学吴秀娟讨教。

【筹划过程】

家珍广告：老同学，我公司的情况你查清了吗？缴税正常吗？

现在小规模纳税人确实有增值税优惠政策，季度收入不超过30万元可免征，超过了就要全额纳税，2023年是3%减按1%的征收率。你公司这个季度的含税收入是304 000元，折算不含税收入超了990元，所以要按304 000元全额计算增值税，增值税算得没有错。

家珍广告：我需要了解税务政策的详细规定。

收入接近免税临界点的时候，就需要全面考虑收入的确认时点。

家珍广告：您提醒得特别对，那么这个政策还能延续多长时间呢？

优惠政策根据经济形势随时变化的，根据《关于增值税小规模纳税人减免增值税政策的公告》（财政部 税务总局公告2023年第19号），延长至2027年12月31日。

【筹划工具】

控制收入结算时点

改变收入结算时点　　充分利用优惠政策

小贴士：小规模纳税人月度或季度销售额未超过临界点（临界点根据政

策规定会有阶段性调整）的，免征增值税，而超过的全额征税。在偶然性临界点上下的销售是可以利用销售结算方式的不同进行时间性的调整。

【筹划效果】

筹划前，一味地增加销售额可能会导致没法享受优惠政策。筹划后，通过与客户协商、控制收入确认时点等方式，将每个季度的不含税收入有意识地控制在 30 万元以下，可以免缴增值税。

案例中引用的优惠政策在法律条件中虽然有时间规定，但原理和方法是相通的。随着国家政策的不断调整，与案例类似的政策均可使用该方法进行筹划。

【连线法条】

《财政部 税务总局关于明确增值税小规模纳税人减免增值税等政策的公告》（财政部 税务总局公告 2023 年第 1 号）、《国家税务总局关于增值税小规模纳税人减免增值税等政策有关征管事项的公告》（国家税务总局公告 2023 年第 1 号）、《关于增值税小规模纳税人减免增值税政策的公告》（财政部 税务总局公告 2023 年第 19 号）规定，自 2023 年 1 月 1 日至 2027 年 12 月 31 日，对月销售额 10 万元以下（含本数）的增值税小规模纳税人，免征增值税。

1.1.3 税负重在测算，变身税负更低

【问题场景】

百萝贸易公司（以下简称百萝贸易）是小规模纳税人，主要从事钢管批发业务。老板吴灿认为一般纳税人的税负要远高于小规模纳税人，而且还会增加人员及管理成本。为了不转为一般纳税人，公司近几年的销售额始终未超过 500 万元。但是百萝贸易公司的一次中标，将使其销售额可能出现大幅增长。

【筹划过程】

> **百萝贸易**：吴老师，这次中标我就变成一般纳税人了。我实在是不想成为一般纳税人啊，怎么办？

> 一般纳税人未必税负高呀！您公司的情况我已经了解过了，主要原材料钢管都是大型生产厂家供应。无论要不要增值税专用发票，价格都是一样。

【筹划工具】

测算临界点，选择纳税身份

假设不含税收入为 A，不含税成本费用占销售额的比重为 R

一般纳税人税负＝小规模纳税人税负
$A\times 13\%-A\times R\times 13\%=A\times 3\%$　　$R=77\%$

一般纳税人税负＞小规模纳税人税负
$A\times 13\%-A\times R\times 13\%>A\times 3\%$　　$R<77\%$

一般纳税人税负＜小规模纳税人税负
$A\times 13\%-A\times R\times 13\%<A\times 3\%$　　$R>77\%$

小贴士：该假设仅对一般纳税人适用的增值税税率为13％的情况进行测算。现实业务中，一般纳税人适用的增值税税率或征收率不仅仅为13％，还有6％、9％、3％等。因此，在使用此筹划工具时，纳税人需要考虑税率的差异对不含税成本费用占销售额比重的影响。

【筹划效果】

上游厂家 ←—— 采购 —— 百萝贸易 —— 销售 —→ 下游买家

百萝贸易是小规模纳税人还是一般纳税人，会直接影响下游买家的进货价格。价格不同，税额与利润也随之变化。百萝贸易改变增值税纳税人身份对自身的影响详见表1-2。

表 1-2　百萝贸易改变增值税纳税人身份对自身的影响　金额单位：元

筹划前后	价格变动	收入				成本			需要缴纳的增值税	利润
		不含税销售价格	增值税税率	增值税	含税销售价格	不含税进货价格	可抵扣的进项税额	含税进货价格		
筹划前		480	3%	14.4	494.40	429.40	0	429.40	14.40	480－429.4 =50.60
筹划后	含税销售价格不变	437.50	13%	56.9	494.40	380	49.40	429.40	56.9－49.4 =7.50	437.5－380 =57.50
	不含税销售价格不变	480	13%	62.4	542.40	380	49.40	429.40	62.4－49.4 =13	480－380 =100

百萝贸易改变纳税人身份对下游买家的影响详见表 1-3。

表 1-3　百萝贸易改变纳税人身份对下游买家的影响　金额单位：元

一	价格变动	下游买家为小规模纳税人			下游买家为一般纳税人		
		不含税进货价格	可抵扣的进项税额	含税进货价格	不含税进货价格	可抵扣的进项税额	含税进货价格
筹划前	—	480	—	494.40	480	14.40	494.40
筹划后	含税销售价格不变	437.50	—	494.40	437.50	56.90	494.40
	不含税销售价格不变	480	—	542.40	480	62.40	542.40

转变为一般纳税人之后，百萝贸易应同时考虑经营环境的稳定和市场竞争力，尽量减少因为自己的变动造成对下游买家的影响。在确保下游买家的进货成本不上涨的情况下，百萝贸易可以适当做出价格的变动：

（1）如果下游买家不需要开具增值税专用发票，百萝贸易可以选择与之前同样的含税销售价格出售，买家的进货成本与之前相同。即便如此，百萝贸易的利润并未降低，同时税负能够降低。

（2）如果下游买家需要开具 13% 增值税专用发票，百萝贸易可以选择提高含税销售价格，维持不含税价格的稳定，这样，买家在抵扣完进项税后，进货成本是不变的。百萝贸易公司也得到了更高的利润并降低了税负。

《增值税一般纳税人登记管理办法》（国家税务总局令第 43 号）规定，纳税人自一般纳税人生效之日起，按照增值税一般计税方法计算应纳税额，并可以按照规定领用增值税专用发票，财政部、国家税务总局另有规定的除外。本办法所称的生效之日，是指纳税人办理登记的当月 1 日或者次月 1 日，由纳税人在办理登记手续时自行选择。

1.2 一般纳税人的涉税规划

一般纳税人相对于小规模纳税人来讲，增值税计算更为复杂。本节主要介绍一般纳税人在计算增值税时可以操作的税前规划案例。

1.2.1 分清应税服务，减税接近一半

【问题场景】

跳跳鱼酒店是一家大型酒店，经营住宿、餐饮、会议场地租赁与服务等业务。总经理周然特意聘请专业税收诊断团队来降低企业的纳税风险。诊断团队的组长谷小玉在审计后提出，会议场地租赁的不含税收入 1 500 万元未按不动产租赁服务 9% 的税率纳税，少缴税款 45 万元。总经理周然立即向财税咨询专业人员吴秀娟请教。

【筹划过程】

> **跳跳鱼酒店：** 吴老师，酒店业的会议场地租赁按9%缴税吗？酒店服务不应该是6%吗？

> 周经理，酒店提供住宿是一种服务行为，要安排人员打扫卫生、确保安全等，税率为6%。但提供会场租赁服务，则属于"不动产租赁服务"，税率为9%。两者税率完全不同。

> **跳跳鱼酒店：** 虽然合同签的是会议场地租赁，但我们同时也提供安全服务和酒水服务，那么这种情况应该更趋近于我们提供的是服务，并非单一的租赁场地的行为。

> 您说得很对，如果除了提供会场地外，再添加一些简单的服务，比如布置整理会场、打扫会场卫生、在会场提供饮水等服务，就可以按照"会议展览服务"来缴税，税率一下就降为6%。

原来是这样，那如果提供的会议展览服务中还包含餐饮服务、住宿服务，该怎么缴税呢？

分别按照会议服务、餐饮服务、住宿服务开票缴税。需要注意的是，餐饮服务不得开具增值税专用发票哦。

【筹划工具】

将高税率业务转化为低税率业务

不动产租赁服务（9%）→ 布置会场 整理会场 提供饮水服务 → 会议展览服务（6%）

小贴士：通过提供低成本的服务改变业务适用税率，不但可以提升客户体验感，而且可以增加收入，还可将适用高税率的涉税业务转化成适用低税率的涉税业务。

【筹划效果】

筹划前，会议场地租赁收入的增值税税率是9%。筹划后，会议场地与配套服务业务形成的会议展览服务的增值税税率是6%，减少税负 $1\,500 \times (9\% - 6\%) = 45$（万元）。

【连线法条】

《财政部 国家税务总局关于全面推开营业税改征增值税试点的通知》（财税〔2016〕36号）规定：

（一）提供交通运输、邮政、基础电信、建筑、不动产租赁服务、销售不动产、转让土地使用权，税率为11%；

············

《财政部 税务总局 海关总署关于深化增值税改革有关政策的公告》（财政部 税务总局 海关总署公告2019年第39号）规定：

一、增值税一般纳税人（以下称纳税人）发生增值税应税销售行为或者进口货物，原适用16%税率的，税率调整为13%；原适用10%税率的，税率调整为9%。

《国家税务总局关于发布〈纳税人提供不动产经营租赁服务增值税征收管理暂行办法〉的公告》（国家税务总局公告 2016 年第 16 号）规定，一般纳税人出租其 2016 年 5 月 1 日后取得的不动产，适用一般计税方法计税。

财政部、国家税务总局《关于明确金融 房地产开发 教育辅助服务等增值税政策的通知》（财税〔2016〕140 号）规定，宾馆、旅馆、旅社、度假村和其他经营性住宿场所提供会议场地及配套服务的活动，按照"会议展览服务"缴纳增值税。

1.2.2 选对征税方法，税收成本减半

【问题场景】

安心驾驶员培训公司（以下简称安心驾驶培训）近年来业务收入大幅上涨。恰逢暑假，大量学生前来报名学车，收入再创新高。因为满足连续 12 个月销售收入超过 500 万元的条件，安心驾驶培训转变为一般纳税人。到了增值税纳税申报期，会计马跃拿着增值税付款申请单找老板审批。老板问为什么这个月需缴纳的增值税比以往要多出几万元。马跃解释，税款突然增多是公司转为一般纳税人导致的。老板就此找到从事财税咨询的朋友吴秀娟咨询。

【筹划过程】

> **安心驾驶培训**：吴老师，公司的主要成本是工资支出，在日常业务中很难取得可抵扣的进项税额。转变为一般纳税人后，增值税一下子增多了，该怎么办呢？

> 驾校提供的驾驶员培训业务，也算是非学历教育服务吧？

> **安心驾驶培训**：是的！属于非学历教育。

> 那转成一般纳税人对你们学校也没有影响，你们学校可以选择简易计税方法，按照3%的征收率计算税款。

> **安心驾驶培训**：啊？公司是一般纳税人身份，仍然可以按照3%的征收率纳税吗？

> 一般纳税人并非只有一种计算方法。国家对难以取得增值税专用发票，销售额又较高的特殊行业或业务，都给予了充分的考虑。驾校就属于特殊行业，可以选择简易计税方法。

【筹划工具】

━━━━━━━━━━ ● 选择简易计税方法 ● ━━━━━━━━━━

表 1-4 一般纳税人可以选择简易计税方法的常见业务

序号	业务内容	序号	业务内容
1	公共交通运输服务	11	提供劳务派遣服务、安全保护服务
2	提供非学历教育服务	12	兽用药品经营企业销售兽用生物制品
3	提供教育辅助服务	13	光伏发电项目发电户销售电力产品
4	以清包工方式提供的建筑服务	14	经认定的动漫企业为开发动漫产品提供的动漫设计、制作等服务及在境内转让动漫版权
5	为甲供工程提供的建筑服务	15	销售自产的商品混凝土（仅限于以水泥为原料）
6	为建筑工程老项目提供的建筑服务	16	从事再生资源回收的增值税一般纳税人销售其收购的再生资源
7	电影放映服务、仓储服务、装卸搬运服务、收派服务和文化体育服务	17	房地产企业出售或出租其 2016 年 4 月 30 日前开发的老项目
8	销售电梯的同时提供安装服务	18	出售或出租 2016 年 4 月 30 日前取得的不动产、土地
9	寄售商店代销寄售物品	19	转让 2016 年 4 月 30 日前取得的土地使用权
10	典当业销售死当物品	20	销售自产的自来水

【筹划效果】

假设月营业收入为 100 万元。

筹划前，增值税应纳税额＝100×6％＝6（万元）。

筹划后，增值税应纳税额＝100×3％＝3（万元）。

经过筹划，月减少税款 3 万元（6－3）。

【连线法条】

《财政部 国家税务总局关于进一步明确全面推开营改增试点有关再保险、不动产租赁和非学历教育等政策的通知》（财税〔2016〕68 号）规定，一般纳税人提供非学历教育服务，可以选择适用简易计税方法按照 3％征收率计算应纳税额。

1.2.3 分割纳税主体，分流业务收入

【问题场景】

世询公司是一家年销售收入为 3 000 万元的贸易公司。老板王嘉总是觉得自己生意虽然做得不错，但过大的税负压力还是很影响公司经营的，造成增值税税负过高的其中一个原因就是有接近 15％货物无法取得增值税专用发票。最近，老板王嘉参加了财税培训。培训结束，王嘉加了讲师吴秀娟的微信，与吴秀娟聊起如何降低增值税税负的问题。

【筹划过程】

> 世询公司：吴老师，今年公司约有450万元销售额（不含税）的产品无法取得进项专票。这个问题让我每天都焦头烂额。

> 你的客户都有要求开具增值税专用发票吗？

> 世询公司：公司从事贸易业务，这些开不了发票的货物大多数是卖给小商户，小商户对增值税专用发票没有要求。

> 公司可以开设小规模纳税人身份的分公司，征收率仅为3%。那些无法取得增值税专用发票的货物可以由分公司经营，分公司隶属于总公司。

> 世询公司：分公司必须是小规模纳税人才可以享受3%的征税率，总公司和分公司的纳税身份可以不一致吗？

> 可以的，这是增值税的特殊之处，符合条件的分公司可以是小规模纳税人。

> 世询公司：这个政策对我太有利了，谢谢吴老师。

【筹划工具】

—————▶ **分割纳税主体，将业务收入分流** ◀—————

小贴士：分公司虽不具有法人资格，但是可以是独立的增值税纳税主体，单独申报缴纳增值税。因此，公司可以成立多个小规模纳税人身份的分公司，将业务收入分流。

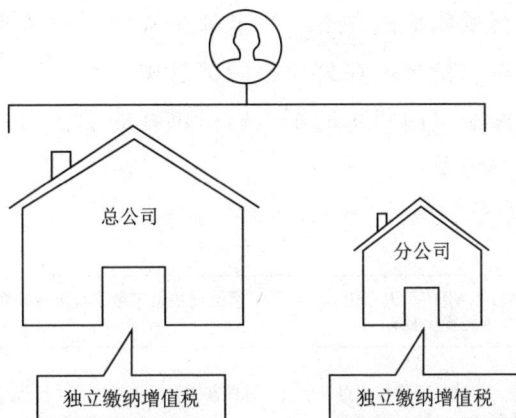

【筹划效果】

筹划前，450万元的销售额无法取得进项专票，无法抵扣，却仍需按照13％的税率缴纳增值税，这部分业务的应纳增值税58.50万元（450×13％）。筹划后，将无法取得进项专票450万元销售额的业务转移到门市部，只需按照3％的税率缴纳增值税，这部分业务的应纳增值税13.50万元（450×3％）。经过筹划，降低税款45万元（58.50－13.50）。

【连线法条】

《财政部 国家税务总局关于全面推开营业税改征增值税试点的通知》(财税〔2016〕36号)附件1《营业税改征增值税试点实施办法》第四十六条第（一）项规定，固定业户应当向其机构所在地或者居住地主管税务机关申报纳税。总机构和分支机构不在同一县（市）的，应当分别向各自所在地的主管税务机关申报纳税；经财政部和国家税务总局或者其授权的财政和税务机关批准，可以由总机构汇总向总机构所在地的主管税务机关申报纳税。

1.3 特殊身份的涉税规划

对于增值税纳税义务人聘请的员工具有特殊规定身份时，或者发生特定行为时，国家会在一定程度上给予增值税的优惠减免。

1.3.1 退役士兵的聘用，可抵减多少税额

【问题场景】

2023年7月，贝希建筑公司（以下简称贝希建筑）总经理胡明邀请税务

师吴秀娟对企业进行税收诊断调查。吴老师在调查了解企业的人员构成时发现，总经理胡明有军人情怀，在公司招聘信息中，有"退役军人优先"的条件，为驻守边疆、保家卫国归来的军人们提供好的工作岗位。于是，吴老师联系了胡总详细了解情况。

【筹划过程】

> 刚了解到公司对退伍军人有优待，是不是都给这些员工缴纳社会保险费了？现在公司有多少退役士兵？

贝希建筑
> 到今年7月，公司有17位退役士兵。社保都缴了，也都签订了至少一年的劳动合同。

> 国家对这类公司特别出台了优惠政策。每安置一位退役军人，国家就会给予企业6 000元的税收抵减。

贝希建筑
> 什么税收抵减？我还不知道呢，公司有资格享受这个政策吗？

> 当然可以享受。《关于进一步扶持自主就业退役士兵创业就业有关税收政策的公告》（财政部 税务总局 退役军人事务部公告2023年第14号）政策执行期限从2023年1月1日至2027年12月31日，每月依次扣减增值税、城市维护建设税、教育费附加、地方教育附加和企业所得税。公司可以享受30多万元的税收抵减呢。

【筹划工具】

━━━━━● 全面且充分利用优惠政策 ●━━━━━

开始日期	抵减金额	抵减税目	政策期限
自签订劳动合同并缴纳社会保险当月起	定额标准每人每年6 000元，最高可上浮50%	增值税→附加税→企业所得税	执行期限延长至2027年12月31日

小贴士：诸如本案例中的税收优惠政策，很多都有阶段性。需要及时关注税务网站，或聘请专业税务师定期进行税收诊断，以充分享受优惠政策。

【筹划效果】

筹划前，增值税、其他附加税、企业所得税均没有抵减额。

筹划后，假设17名退役士兵都符合条件，3年的税款抵减额共计 $0.6 \times 17 \times 3 = 30.6$（万元）。

经过筹划，3 年至少可为企业节约 30.6 万元。

【连线法条】

《财政部 税务总局退役军人部关于进一步扶持自主就业退役士兵创业就业有关税收政策的通知》（财税〔2019〕21 号）规定，自 2019 年 1 月 1 日至 2021 年 12 月 31 日，企业招用自主就业退役士兵，与其签订 1 年以上期限劳动合同并依法缴纳社会保险费的，自签订劳动合同并缴纳社会保险当月起，在 3 年内按实际招用人数予以定额依次扣减增值税、城市维护建设税、教育费附加、地方教育附加和企业所得税优惠。

注意：企业招用自主就业退役士兵既可以适用上文规定的税收优惠政策，又可以适用其他扶持就业专项税收优惠政策的，企业可以选择适用最优惠的政策，但不得重复享受。

《关于进一步扶持自主就业退役士兵创业就业有关税收政策的公告》（财政部 税务总局 退役军人事务部公告 2023 年第 14 号）规定：

....

二、自 2023 年 1 月 1 日至 2027 年 12 月 31 日，企业招用自主就业退役士兵，与其签订 1 年以上期限劳动合同并依法缴纳社会保险费的，自签订劳动合同并缴纳社会保险当月起，在 3 年内按实际招用人数予以定额依次扣减增值税、城市维护建设税、教育费附加、地方教育附加和企业所得税优惠。定额标准为每人每年 6 000 元，最高可上浮 50%，各省、自治区、直辖市人民政府可根据本地区实际情况在此幅度内确定具体定额标准。

....

自主就业退役士兵在企业工作不满 1 年的，应当按月换算减免税限额。计算公式为：企业核算减免税总额＝$\sum$（每名自主就业退役士兵本年度在本单位工作月份÷12×具体定额标准）。城市维护建设税、教育费附加、地方教育附加的计税依据是享受本项税收优惠政策前的增值税应纳税额。

1.3.2 残疾人员享退税，人数受限怎么办

【问题场景】

荷花香食品公司（以下简称荷花香食品）董事长张富贵是一位爱心人士，

常年资助生活有困难的人。近日，荷花香食品公司聘请财税顾问吴秀娟到公司开展税收诊断工作。工作闲暇畅谈时，张富贵向吴秀娟透露，今后准备将积极履行社会责任的思想加入企业文化中，尽己所能地为残疾人提供一些工作岗位。吴秀娟在钦佩之余，也从财税角度说了自己的看法。

【筹划过程】

> 公司的残疾员工这么多，可不要忘记申请享受残疾人就业优惠政策，这可是国家为有社会责任的企业提供的优惠啊。

荷花香食品
> 我听说有优惠政策，但会计一直说公司不符合条件，享受不了政策。

> 残疾人占在职职工人数的比例不低于25%，残疾人人数不少于10人，既与他们签订了一年以上劳动合同，也为他们缴纳了社保，就满足条件。

荷花香食品
> 是这样。

> 要是满足条件，可以按安置残疾员工人数工资标准四倍享受即征即退增值税额。如果总人数降低了就可以满足比例条件。

荷花香食品
> 正好子公司需要一百多位员工的产品线，进行生产。总公司的职工总数不到100人。

> 这样挺好。不影响产品的生产和销售，也不影响员工安置。

【筹划工具】

利用劳务外包降低职工人数以享受优惠政策

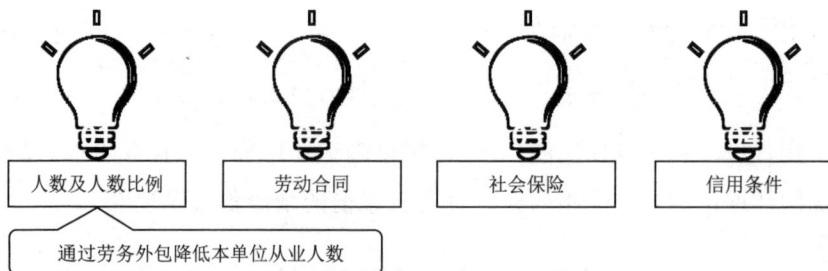

| 人数及人数比例 | 劳动合同 | 社会保险 | 信用条件 |

通过劳务外包降低本单位从业人数

小贴士：企业应注意区分劳务外包与劳务派遣，如果被认定为劳务派遣关系，则从业人数包括与企业建立劳动关系的职工人数和企业接受的劳务派遣用工人数。

【筹划效果】

筹划前，不享受残疾人就业优惠政策；筹划后，申请享受残疾人就业优惠政策，享受增值税即征即退。假设当地最低月工资标准为 1 900 元，月增值税即征即退限额＝30×1 900×4＝228 000（元）。经过筹划，每月最多减少增值税 228 000 元。

【连线法条】

《财政部 国家税务总局关于促进残疾人就业增值税优惠政策的通知》（财税〔2016〕52 号）规定，对安置残疾人的单位和个体工商户（以下称"纳税人"），实行由税务机关按纳税人安置残疾人的人数，限额即征即退增值税的办法。享受税收优惠政策的条件有：纳税人（除盲人按摩机构外）月安置的残疾人占在职职工人数的比例不低于 25％（含 25％），并且安置的残疾人人数不少于 10 人（含 10 人）；依法与安置的每位残疾人签订了一年以上（含一年）的劳动合同或服务协议；为安置的每位残疾人按月足额缴纳了基本养老保险、基本医疗保险、失业保险、工伤保险和生育保险等社会保险。

《财务部 税务总局关于实施小微企业普惠性税收减免政策的通知》（财税〔2019〕13 号）规定，小型微利企业的从业人数，包括与企业建立劳动关系的职工人数和企业接受的劳务派遣用工人数。

1.3.3　金融商品买卖，为何主体不同税不同

【问题场景】

如意有限公司（以下简称如意）是李钟投资 1 000 万元成立的一人有限公司。2021 年 1 月，如意公司购入上市公司股票 100 万股，买入价为 500 万元，当年 12 月以 800 万元卖出，获利 300 万元。经过这次的投资，如意公司的总经理李钟对投资产生了浓厚的兴趣，觉得以后可以将业务多往投资领域拓展。李钟在与财税咨询专家吴秀娟聊起投资心得时，突然发现漏缴税了。

【筹划过程】

> 真是恭喜啊，李总！不过，用公司"炒股"还得缴增值税，可别漏缴！

> 如意   炒股为啥要缴增值税？我以前炒股，从来不用缴增值税呀？

您以前都是以个人名义炒股票吧？我记得您说这次是以公司名义炒股。个人买卖金融产品当然不用缴纳增值税，但公司就需要缴。

如意 原来是这样，回头我赶快把税补上。

转让金融商品的免税政策是面向个体工商户和个人的。如意公司是您的一人有限公司，如果您的资金都是来源于您的自有资金，完全可以以自己的名义，或者成立个体工商户，专门做外汇、买卖股票证券期货的业务，这样就可以免纳增值税了。

如意 吴经理真是太专业了，今天我真是遇到对的人了。

另外，一人有限公司是有限责任，个体工商户是无限责任。所以您需要在确保法律风险的前提下，进行税收筹划。

【筹划工具】

—————•—— 利用主体身份享受优惠政策 ——•—————

个人和个体工商户从事金融商品转让业务免征增值税。

小贴士：个体工商户对公司债务负有无限连带责任，应避免借款投资，注意法律风险。

【筹划效果】

筹划前，公司进行金融商品买卖需要缴纳增值税，增值税应纳税额＝300÷(1＋6％)×6％＝16.98（万元）。

筹划后，个体工商户从事金融商品转让业务免征增值税。

经过筹划，可减少税款 16.98 万元。

【连线法条】

《财政部 国家税务总局关于全面推开营业税改征增值税试点的通知》(财税〔2016〕36 号)附件《营业税改征增值税试点过渡政策的规定》规定，个人从事金融商品转让业务免征增值税。

《中华人民共和国增值税暂行条例实施细则》规定，"个人"，只包括个体工商户和其他个人，不包含个人独资企业和合伙企业。

1.4　普通销售行为的涉税规划

销售商品或者提供服务不同，适用不同的增值税税率。本节通过三个案例说明辨别不同行为应适用的增值税税率的重要性。

1.4.1　销售模式变一下，降负促销两不误

【问题场景】

姜太公家电公司（以下简称姜太公家电）开设的商场已经历五个年头，主营各大品牌的家电，属于一般纳税人。最近一年的客流量接近几万人，经营业绩颇丰。老板刘丹希望财税咨询专家吴秀娟能够给予税收筹划方面的帮助，在聊天中得知经营模式不同会影响到税负。

【筹划过程】

姜太公家电：吴老师，经营模式不同会影响税负，那对公司这种商场也适用吗？我这个家电商场主要是面向普通百姓，执行的是13%的增值税税率，进货渠道都能给专用发票，税负差不多在8%左右。怎么改变模式也是按13%缴纳增值税呀！

我看家电商场规模很大，你考虑过将经营模式改为会员制吗？

姜太公家电：我不太了解，您详细给我说说吧。

具体来说，顾客办理会员需要支付会员费。成为会员后，可以享受专属会员价等会员权益。利用会员制税务筹划的原理很简单，就是将收入分为两部分，销售收入和服务收入。收取的会员费收入，作为服务收入缴纳6%的增值税，而销售直营商品产生的收入仍缴纳13%的增值税，这样整体税负就降下来了。

姜太公家电：这个方法真好，既能节税，又能提高顾客忠诚度。

在具体操作上还要进行详细的测算，如会员费怎么收、会员权益怎么设计，还是要认真考虑清楚。如果收取会员费与销售商品的款项直接关联，会被认定为价外费用。

【筹划工具】

──────●　利用税率差异，分割单一业务　●──────

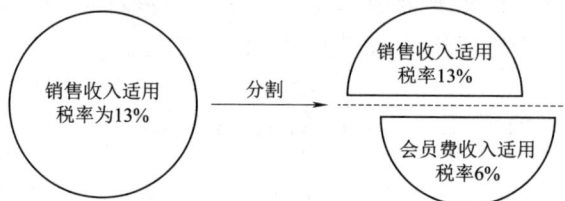

【筹划效果】

采用会员制经营模式，可以将一部分产品价值转化为会员费价值。

筹划前，全部销售收入适用 13％的增值税税率。

筹划后，假设会员费 0.02 万元/人（不含税），如果有 10 000 个会员，税收成本可降低 $0.02 \times 10\,000 \times (13％ - 6％) = 14$（万元）。同时，会员费约 200 万元，会员可享受会员价。这 200 万元如果未降低零售价格，销售对应的税率为 13％，比服务对应 6％的税率高于 7％。同时，采用会员制经营模式还能够提高顾客黏度，是一举两得的方法。

【连线法条】

《财政部 国家税务总局关于全面推开营业税改征增值税试点的通知》（财税〔2016〕36 号）附件《营业税改征增值税试点实施办法》规定：其他权益性无形资产，包括基础设施资产经营权、公共事业特许权、配额、经营权（包括特许经营权、连锁经营权、其他经营权）、经销权、分销权、代理权、会员权、席位权、网络游戏虚拟道具、域名、名称权、肖像权、冠名权、转会费等。销售其他权益性无形资产的行为，按 6％缴纳增值税。

纳税人兼营销售货物、劳务、服务、无形资产或者不动产，适用不同税率或者征收率的，应当分别核算适用不同税率或者征收率的销售额；未分别核算的，从高适用税率。

1.4.2 预付款转为定金，按月缴纳负担轻

【问题场景】

如意临公司（以下简称如意临）是一家设备租赁公司，老板江陵正与财税咨询顾问吴秀娟吃饭聊天，接到助理的电话，告诉他刚谈妥了一个金额

6 000万元的大单。江陵连忙和吴秀娟分享自己的喜悦。而此时吴秀娟的一段话却引起了江陵的沉思。

【筹划过程】

> 如意临：吴老师，公司谈妥了一个大单，客户租两年，先付一年的钱。利润挺高，这个月签订合同后就能收到300万元预付款。

> 恭喜！这家给钱真痛快呀，不过税款也要当期缴。

> 如意临：什么意思，我没听明白？

> 租赁行业不同于其他行业，收到预付款的当期，就要缴纳增值税的。但收定金则不用先缴税，所以如果300万元能确定为定金，将定金转成租赁费按月分摊，就可以每月缴纳增值税了。

> 如意临：定金不缴增值税，但对方要发票怎么办？

> 协商啊，定金是为了保证合同履行收取的款项，定金可以开收据。等定金转为租赁款时，再按期开票也可以。

> 如意临：明白了，在合同上加上这一条款。

【筹划工具】

—— 预收款变为定金 ——

预收款 → 延迟纳税时间 → 定金

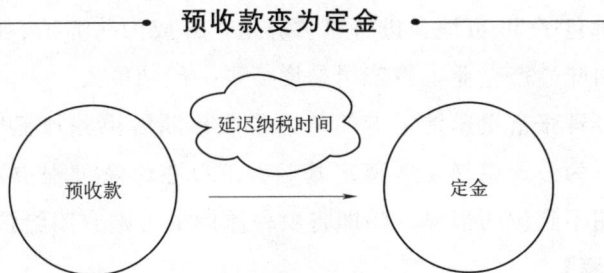

小贴士：此筹划工具适合于以收到预收账款的当天作为纳税时点的应税行为。

【筹划效果】

筹划前，收到预收账款时应缴纳增值税，应纳增值税 $= 300 \times 13\% = 39$（万元）。

筹划后，收到定金时无须立刻缴纳增值税，待转为货款时再缴纳。

经过筹划，可延期缴纳这部分增值税，减轻了企业的资金压力。

【连线法条】

《财政部 国家税务总局关于全面推开营业税改征增值税试点的通知》（财税〔2016〕36 号）附件《营业税改征增值税试点实施办法》规定，纳税人提供建筑服务、租赁服务采取预收款方式的，其纳税义务发生时间为收到预收款的当天。

《中华人民共和国发票管理办法实施细则》（国家税务总局令第 25 号）规定，填开发票的单位和个人必须在发生经营业务确认营业收入时开具发票。未发生经营业务一律不准开具发票。

1.5 兼营及混合销售的涉税规划

销售商品或者提供服务不同，适用不同的增值税税率，这些适用不同增值税税率的行为在同一项业务中发生时，如何在合法的前提下适用较低的税率，就是本节主要介绍的内容。

1.5.1 养殖加工一体化，如何操作降税负

【问题场景】

荷花香食品公司（以下简称荷花香食品）为加强对上游原材料质量的控制，在后山承包了 20 亩地，进行家禽养殖，并成为从养殖、屠宰、加工、包装一体化的卤味生产企业，该公司是增值税一般纳税人。

公司总经理张富贵邀请了专门从事税收诊断的税务师王尊来帮助公司实现合规纳税，为公司稳健发展奠定基础。王尊在诊断过程中发现该公司存在优惠政策利用不到位的情况，随即将财税顾问吴秀娟介绍给张富贵。

【筹划过程】

> 张总，王所长已经将你的情况告诉我了。一体化经营非常有利于公司业务的开展，但也会导致你公司增值税税负过高。

> 荷花香食品：王所长已经和我说了情况，以前也听说农产品免税，可是公司养殖的这些家禽都是为了公司自用，无法享受相关优惠。

按企业现在这种情况当然是无法享受这项优惠。但是如果可以改变公司架构，就可以享受啦。

荷花香食品

怎么操作呢？说来听听。

成立专业从事农产品养殖的公司。养殖公司对加工公司销售就可以享受增值税免税政策了。荷花香食品从养殖公司购入农产品，取得的免税发票，按照票面金额的10%计算抵扣进项税额。

【筹划工具】

将产业链分割成不同的纳税主体

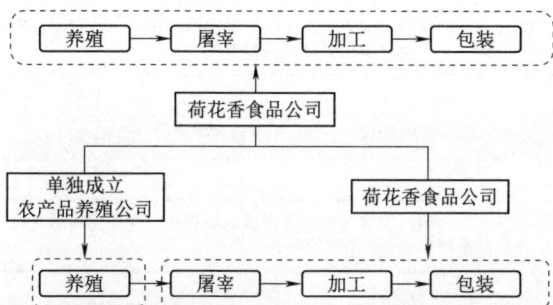

养殖 → 屠宰 → 加工 → 包装

荷花香食品公司

单独成立农产品养殖公司

荷花香食品公司

养殖 → 屠宰 → 加工 → 包装

【筹划效果】

假设公司每年的卤制品销售额为 1 000 万元（不含税），按规定可抵扣的进项税额为 20 万元。每年需要使用 600 万元的自产农产品生产卤制品。

筹划前，应纳增值税 $= 1\ 000 \times 13\% - 20 = 110$（万元）。

筹划后，应纳增值税 $= 1\ 000 \times 13\% - 600 \times 10\% - 20 = 50$（万元）。

经过筹划，企业降低税费 $= 110 - 50 = 60$（万元）。

上述计算还未包含附加税费的金额。

【连线法条】

《中华人民共和国增值税暂行条例》规定，纳税人兼营不同税率的项目，应当分别核算不同税率项目的销售额；未分别核算销售额的，从高适用税率。

《财政部 税务总局 海关总署关于深化增值税改革有关政策的公告》（财政部 税务总局 海关总署公告 2019 年第 39 号）规定，纳税人购进农产品，原适用 10% 扣除率的，扣除率调整为 9%。纳税人购进用于生产或者委托加工 13% 税率货物的农产品，按照 10% 的扣除率计算进项税额。

1.5.2 服务销售同一客户，分别核算更合理

【问题场景】

猫唱唱娱乐公司（以下简称猫唱唱娱乐）是一家大型的 KTV 娱乐公司，属于增值税一般纳税人。为了迎合消费者的各种需求，除提供包房的 KTV 服务外，还在服务台设置了专门的零售区，销售烟、酒、饮料、果盘等。财税咨询师吴秀娟与猫唱唱娱乐的李会计同时参加某活动认识后，李会计邀请吴秀娟来公司娱乐。职业敏感的吴秀娟回家后，与李会计聊起税的事情。

【筹划过程】

> 李会计，我注意到你服务台那里设置了一个单独的零售区。收费时，零售与包房费分得很清晰，公司财务也是分别核算缴税的？

猫唱唱娱乐
> 当然是分开核算、分别计算税金的。如果核算不清，就得都按13%缴了。

> 能做到分清真不容易啊，要增加很多管理成本。那你们现在包房费是按6%缴税，而零售商品是按13%缴纳增值税吗？

猫唱唱娱乐
> 对呀。但说实话，其实很难分得清。有时候做促销活动时，就有不同的套餐。

> 公司提供KTV娱乐业务时，同时提供烟酒饮料，属于混合销售，都应该按6%缴税的。

猫唱唱娱乐
> 我记得税法中规定两种税率业务分不清的，按高税率征收。

> 那是指从事批发、零售和生产企业。像您这种公司的混合销售业务是适用主业税率的，也就是6%。

【筹划工具】

—— 将分别核算的业务合并产业链，混合核算有利于降低税负 ——

服务收入　货物收入　→　混合销售

小贴士：一项销售行为，既涉及货物又涉及服务，是同一项行为且同一服务对象，属于混合销售行为，不管是否分开核算，都应随主业适用同一个税率。

【筹划效果】

假设 12 月，公司 KTV 娱乐业务含税销售收入 100 万元，销售烟酒饮料含税销售收入 20 万元。

筹划前，若不熟悉相关税收政策和规则，娱乐业务收入按 6％ 缴纳增值税，烟酒饮料收入按 13％ 缴纳增值税，应纳增值税＝100÷1.06×6％＋20÷1.13×13％＝7.96（万元）。

筹划后，两部分销售收入适用混合销售的税收政策，均按 6％ 缴纳增值税，应纳增值税＝（100＋20）÷1.06×6％＝6.79（万元）。

经过筹划，可为企业节约 1.17 万元。

【连线法条】

《财政部 国家税务总局关于全面推开营业税改征增值税试点的通知》（财税〔2016〕36 号）附件《营业税改征增值税试点实施办法》：

第三十九条　纳税人兼营销售货物、劳务、服务、无形资产或者不动产，适用不同税率或者征收率的，应当分别核算适用不同税率或者征收率的销售额；未分别核算的，从高适用税率。

第四十条　一项销售行为如果既涉及服务又涉及货物，为混合销售。从事货物的生产、批发或者零售的单位和个体工商户的混合销售行为，按照销售货物缴纳增值税；其他单位和个体工商户的混合销售行为，按照销售服务缴纳增值税。

1.5.3　销售安装全流程，纳税主体亦不同

【问题场景】

安钢设备公司（以下简称安钢设备）是一家加工销售设备的一般纳税人企业。客户主要是定制个性化设备的工厂、饭店等，由于大部分客户购买设备都不能抵扣增值税，安钢设备公司对外主要开具增值税普通发票。2023 年 2 月，公司总经理方华聘请财税顾问吴秀娟，对企业进行税收合规方面的指导。正逢方经理出差，两人利用微信进行了沟通。

【筹划过程】

安钢设备 方经理,公司生产销售专用厨具设备的同时,也负责设备的整体安装,目前能够做到独立核算吗?

安钢设备 您提醒过我,不分别核算就要从高税率缴税;分别核算后安装服务还可以采取简易计税方法计税。我安排了专人管理安装,如果安装服务能承包出去,大家积极性会更高,但也担心会增加税负。

我分析公司现有的客户,大多都不需要增值税专用发票。货物的价格可以分割成货物加安装费。成立小规模纳税人的安装公司后,由设备公司及安装公司共同开票给客户。

安钢设备 那这样安装公司就可以按小规模纳税人的征税率缴税了。如果安装公司给设备公司开票,设备公司统一给客户开票呢?

设备公司只能做购进处理。而设备公司对外开增值税专用发票,就起不到减轻税负的作用。

安钢设备 原来要这样处理,还是你专业。

【筹划工具】

将产业链分割成不同的纳税主体

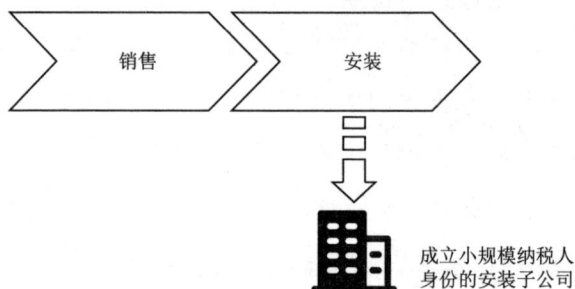

销售 → 安装 → 成立小规模纳税人身份的安装子公司

小贴士:此工具更适合下游公司需要增值税普通发票的公司。

【筹划效果】

公司销售一套专用厨具设备,设备本身含税销售额 100 万元,安装服务含税销售额 10 万元。

筹划前,公司已单独核算设备价款与安装服务的价款,安装服务可采取简易计税方法。

销售设备对应的增值税销项税额＝100÷（1＋13％）×13％＝11.5（万元）

提供安装服务的增值税应纳税额＝10÷（1＋3％）×3％＝0.29（万元）

筹划后，成立一家身份为小规模纳税人的安装公司，2023 年可按征收率 1％缴纳增值税。

销售设备对应的增值税销项税额＝100÷（1＋13％）×13％＝11.5（万元）

提供安装服务的增值税应纳税额＝10÷（1＋1％）×1％＝0.1（万元）

经过筹划，仅一台设备集团公司整体降负 0.19 万元。

【连线法条】

《国家税务总局关于明确中外合作办学等若干增值税征管问题的公告》（国家税务总局公告 2018 年第 42 号）规定，一般纳税人销售自产机器设备的同时提供安装服务，应分别核算机器设备和安装服务的销售额，安装服务可以按照甲供工程选择适用简易计税方法计税。

《财政部 税务总局关于增值税小规模纳税人减免增值税政策的公告》（财政部 税务总局公告 2023 年第 19）规定：

一、对月销售额 10 万元以下（含本数）的增值税小规模纳税人，免征增值税。

二、增值税小规模纳税人适用 3％征收率的应税销售收入，减按 1％征收率征收增值税；适用 3％预征率的预缴增值税项目，减按 1％预征率预缴增值税。

三、本公告执行至 2027 年 12 月 31 日。

1.6 购进的涉税规划

对于一般纳税人来讲，进项税额直接影响当期的应纳增值税金额。本节介绍在采购环节如何规划抵扣增值税进项税额的三个案例。

1.6.1 人力成本无抵扣，替代人工有渠道

【问题场景】

实辉公司是一家工艺制造企业，主要经营成本有仓库租金、人员工资、运输费用、装卸费用等。其中，人工成本占总成本的 50％～60％。人工成本属于增值额，但不能纳入增值税进项税额抵扣，导致实辉公司的增值税税负一直很重。实辉公司董事长汪洋便与财税顾问吴秀娟协商解决税负过重问题。

【筹划过程】

实辉公司： 吴老师，公司的很多生产环节都是人工完成的。人工成本占成本中非常大的比重，税负太重。有人建议我将人工成本最高的环节外包出去，回收加工好的零件就可以取得增值税专用发票。这种方法可行？

表面上看，可以取得进项发票。但必须要找一家价格比自己加工成本更低的外包工厂，且生产的质量、时间都要有保障。您能找到一家比公司管理得还好的外包工厂吗？

实辉公司： 也就是说，如果外包后，因产品的质量差导致了损失，那还不如采用我自己管理员工的形式，这样多交了税也是值得的，是这样吗？

是，如果没有找到这样的外包工厂，不但白白让出一部分利润，节约的税款也不过是转化成价格了。汪总，是否可以从长计议，购买机器代替人工，可以提高生产效率不说，还可抵扣进项税额。缺点是一次性投入成本较高。

实辉公司： 购入机器能从根本上解决我的问题，大势所趋呀。

【筹划工具】

改变生产经营模式

 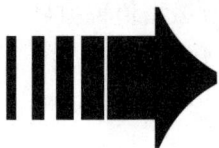 

人工　　　　　　　　　　　机器

【筹划效果】

筹划前，将劳动密集型工序外包，将人工成本转嫁，便可以取得进项税额，此方案存在理想性。

假设销售额为 5 000 万元，其中零件加工环节的人工成本占 30%，为 1 500 万元。在原材料、工序、零件成品相同的前提下，外包工厂的零件售价为 1 500 万元的可能性极低。更有可能的情况是，外包工厂的管理成本加上人工成本及合理的利润，零件售价往往会高于 1 500 万元。此方案会使实辉公司的利润不升反降，得不偿失。

经过筹划，建议引入机器代替人工。引入机器进行生产操作，不但可以降低人工成本，而且购买机器还可以抵扣增值税。另外，机械化会提高公司的生产效率，提升产品质量，增加企业利润。

【连线法条】

《中华人民共和国增值税暂行条例》第九条规定，纳税人购进货物、劳务、服务、无形资产、不动产，取得的增值税扣税凭证不符合法律、行政法规或者国务院税务主管部门有关规定的，其进项税额不得从销项税额中抵扣。

第十条规定，用于简易计税方法计税项目、免征增值税项目、集体福利或者个人消费的购进货物、劳务、服务、无形资产和不动产，其进项税额不得从销项税额中抵扣。

1.6.2　采购开票不相同，如何比对价更低

【问题场景】

安钢设备属于增值税一般纳税人。采购部负责人王丽刚刚接手配件的采购任务。在进行了多家询价后，确定了两个符合质量要求的供应商。

（1）供应商A为一般纳税人，提供的配件含税价格是13元/个，可以开具增值税专用发票；

（2）供应商B为小规模纳税人，提供的配件含税价格是12元/个，不能开具增值税专用发票。

两家配件的报价是容易做出比较的。但涉及税收，王丽有点算不明白，便向财税顾问吴秀娟进行了咨询。

【筹划过程】

> **安钢设备**：吴经理，供应商A和B的价格不一样，一个能开具专用发票，一个不能开具，我怎样选择会比较划算呢？

> 划不划算，要看小规模纳税人给出的价格优惠幅度，能不能弥补抵扣损失。这里是存在一个临界点的，用小规模纳税人供应商的含税价格除以一般纳税人供应商的含税价格，如果大于88.5%，说明从一般纳税人那里进货划算，如果小于88.5%，说明从小规模纳税人那里进货划算。

> **安钢设备**：12÷13×100%=92.31%，92.31%大于88.50%，那说明我从供应商A那里进货更划算。

> 对。最简单的方法是将增值税专用发票上的不含税价格与增值税普通发票上的含税价格直接比较，价格低就是更划算的选择了。

【筹划工具】

假设小规模纳税人提供的进货单价为 A（含税），一般增值税纳税人的进货单价（含税）为 B。（不考虑其他附加税）

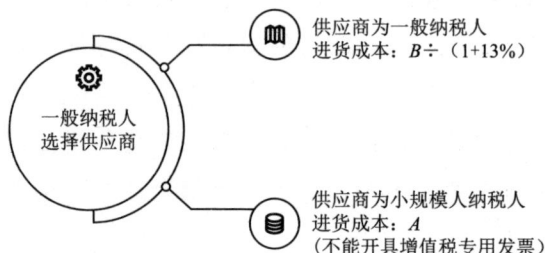

一般纳税人选择供应商

供应商为一般纳税人
进货成本：$B \div (1+13\%)$

供应商为小规模人纳税人
进货成本：A
（不能开具增值税专用发票）

$B \div (1+13\%) \times 100\% = A$，$A \div B \times 100\% = 88.5\%$，即小规模纳税人的含税报价与一般纳税人的含税报价之比等于88.5%时，企业可从任一一方采购。当该报价之比小于88.5%时，企业从小规模纳税人处采购更划算。当该报价之比大于88.5%时，企业从一般纳税人处采购更划算。

小贴士： 小规模纳税人也可以开具征收率为3%的增值税专用发票，因此可抵扣3%的进项税额。设小规模纳税人的含税报价为 x，进货成本 $= x \div (1+3\%)$。大家在计算临界点时要注意灵活变通。

【筹划效果】

从一般纳税人处采购成本 $= 13 \div (1+13\%) = 11.5$（元）

从小规模纳税人处采购成本 $= 12$（元）

从表面上看，小规模纳税人的价格低于一般纳税人的价格，选择小规模纳税人为供应商较为划算；但是经过测算，从一般纳税人处采购单个配件的成本更低，所以还是应该选择一般纳税人为供应商。

【连线法条】

《中华人民共和国增值税暂行条例》规定，从销售方取得的增值税专用发票上注明的增值额可以从销项税额中抵扣。

《国家税务总局关于增值税发票管理等有关事项的公告》（国家税务总局公告2019年第33号）规定，小规模纳税人可选择自行开具增值税专用发票或向主管税务机关申请代开。

1.6.3 项目税率不相同，进项未必要分清

【问题场景】

安钢设备是增值税一般纳税人。总经理李大海认为会计的涉税经验少，不足以应对近期公司的新产品开发。他特意聘请专业税收诊断的团队来给企业把脉，防止企业出现纳税风险而不自知。诊断小组在审计后提出，企业存在错缴税的情况。李大海便要求财税顾问吴秀娟重新筹划公司面临的税收问题。

【筹划过程】

> 李总，我已经了解到公司在2023年1月购进了一批原材料，用这批原材料既生产免税产品，又生产应税产品。而原材料所有进项税都用于应税产品的抵扣了，这显然是不对的。

> 安钢设备：免税产品的原材料不能抵扣，但购买时也分不清啊！

> 免税产品的原材料不能抵扣。正常应该是领用材料时，用于免税产品或项目作进项税的转出。如果分不清，就在销售当月，按销售占比来确定进项税不得抵扣的金额。

> 安钢设备：如果分别核算，需要增加现场管理人工去逐笔核对，成本也会增加很多，节约的税收成本和增加的人工成本哪一项多，是不是应该计算清楚？

> 这个问题问得好。假设80%原材料用于免税产品，20%用于应税产品，如果准确划分，80%的进项税不能抵扣。假设免税产品的销售收入和应税收入各为500万元，按收入比例计算，需转出50%的进项税。所以要好好算账后再做决定。

> 安钢设备：哦，我明白了，还是得看产成品的成本当中原材料金额的占比。

【筹划工具】

进项税额转出时，应税免税应分清

免税产品收入　VS　免税产品领用

无法划分
按免税收入比
转出进项税额

可准确划分
按免税产品领用比
转出进项税额

【筹划效果】

假设购进的原材料不含税价格为 100 万元，增值税进项税额为 13 万元。

准确划分时：需转出的进项税额＝13×80％＝10.4（万元）。

不准确划分时：以销售收入为基础计算需转出的进项税额＝13×50％＝6.5（万元）。

经过筹划，不准确划分可以为企业减少 3.9 万元进项税额。

【连线法条】

《财政部 国家税务总局关于全面推开营业税改征增值税试点的通知》(财税〔2016〕36 号)第二十九条，适用一般计税方法的纳税人，兼营简易计税方法计税项目、免征增值税项目而无法划分不得抵扣的进项税额，按照下列公式计算不得抵扣的进项税额：

不得抵扣的进项税额＝当期无法划分的全部进项税额×（当期简易计税方法计税项目销售额＋免征增值税项目销售额）÷当期全部销售额

1.7 促销政策下的涉税规划

采用不同的销售政策，会直接影响到应交增值税的计算。本节主要介绍折扣销售、现金折扣，以及"买赠"业务的增值税处理。

1.7.1 折扣销售开发票，操作不当税多缴

【问题场景】

姜太公家电是一般纳税人。因仓库中商品积压太多，公司高层开会决定打折出售，也借此回馈客户。活动的规则如下：凡是购买 10 件以上商品的客户享受九折优惠，购买 20 件以上的客户享受八折优惠。姜太公家电的财务负责人孟晓在开发票时却犯了难，马上联系财税顾问吴秀娟进行咨询。

【筹划过程】

> 姜太公家电：吴老师，公司这次搞了个打折销售的活动，您听说了吗?有客户要求必须按原价开发票，这怎么办？

> 听说了。按原价开发票可以，但需要将销售额与折扣额开在同一张发票上，分别注明金额，就可以按折扣后金额计算增值税。

| 姜太公家电 | 那如果客户没有要求，那我只按照折扣后的销售额开具发票是不是偷税行为？ |

当然不是，你们公司打折销售又不以偷税漏税，或者延迟纳税为目的，就应该以折扣后的金额来缴税。

| 姜太公家电 | 那我给客户开具发票时，折扣价格在"备注"栏标明吗？ |

不可以的。需要先按原来的单价、数量开具相应金额的发票，同时在货物名称下面增加一行，输入折扣金额。

【筹划工具】

清晰核算和准确开票有利于降低税负

原价开票 ➡ 销售额、折扣额分别开票

小贴士：销售折扣需要在同一张发票的"金额"栏里中注明，折扣额才可以从销售额中减除。

【筹划效果】

假设客户购买了 300 件商品，原价为 30 万元，八折销售价格为 24 万元。

筹划前，如果开票不符合折扣销售的规定，该笔业务增值税销项税额为 3.9 万元（30×13%）。

筹划后，严格按照税法规定开具销售发票，该笔业务增值税销项税额为 3.12 万元（24×13%）。

经过筹划，为企业节约 0.78 万元（3.9－3.12）。

【连线法条】

《国家税务总局关于印发〈增值税若干具体问题的规定〉的通知》（国税发〔1993〕154 号）……（二）纳税人采取折扣方式销售货物，如果销售额和折扣额在同一张发票上分别注明的，可按折扣后的销售额征收增值税。

（注：纳税人采取折扣方式销售货物，销售额和折扣额在同一张发票上分别注明是指销售额和折扣额在同一张发票上的"金额"栏分别注明的，可按折扣后的销售额征收增值税。未在同一张发票"金额"栏注明折扣额，而仅在发票的"备注"栏注明折扣额的，折扣额不得从销售额中减除）

《国家税务总局关于折扣额抵减增值税应税销售额问题通知》（国税函

〔2010〕56号）规定，未在同一张发票"金额"栏注明折扣额，而仅在发票的"备注"栏注明折扣额的，折扣额不得从销售额中减除。

1.7.2 现金折扣改方式，结果一样降税负

【问题场景】

姜太公家电是增值税一般纳税人。2023年9月，销售了一批货物，不含税销售额为1 000万元〔姜太公家电拟与客户约定的现金折扣条件为2/10，n/20（2/10的意思是10天内付款，给予总货款2%的现金折扣；n/20的意思是超过20天付款，没有折扣）〕，货物已经发出，并办理好了托收手续。

签合同之前，姜太公家电的老板刘丹给财税顾问吴秀娟发微信，以确认该业务的税收是否存在筹划空间。

【筹划过程】

> **姜太公家电**：吴老师，公司想在销售合同中约定现金折扣，这种方式可以鼓励客户尽快支付货款，这样公司也能尽快回笼资金，如何？

> 刘总，现金折扣属于财务费用，不可以从销售额中扣除。如果客户提前付款，现金折扣部分的增值税都要全额缴纳。

> **姜太公家电**：那有点亏，有什么好办法可以省税，又能促使客户早日给款？

> 办法倒是有，但要评估一下客户信誉。对于信誉良好的企业，按10天内回款的价格报价，直接给对方2%的优惠。同时在合同中约定，如果对方超过10天未付款，按折扣对应的增值税金额加价。

> **姜太公家电**：这是个好主意。这样稍加变动，公司的收入没有受到影响，还节约了折扣额对应的那部分增值税。

【筹划工具】

———◆ 改变思维和交易模式 ◆———

客户信誉好，直接给予折扣价

【筹划效果】

筹划前，不管购货方是否能按约定支付货款享受折扣，这笔业务的增值税销项税额＝1 000×13％＝130（万元）。

筹划后，将价格压低为980万元，并在合同中约定，超过10天未付款购货方需要支付2.6万元（200 000×13％）滞纳金，这笔业务的增值税销项税额＝980×13％＝127.4（万元）。

经过筹划，在购货方提前付款享受现金折扣的情况下，为企业减少2.6万元（130－127.4）。

【连线法条】

《国家税务总局关于确认企业所得税收入若干问题的通知》（国税函〔2008〕875号）规定，债权人为鼓励债务人在规定的期限内付款而向债务人提供的债务扣除属于现金折扣，销售商品涉及现金折扣的，应当按扣除现金折扣前的金额确定销售商品收入金额，现金折扣在实际发生时作为财务费用扣除。

《中华人民共和国增值税暂行条例实施细则》规定，采取赊销和分期收款方式销售货物，确认收入为书面合同约定的收款日期的当天，无书面合同的或者书面合同没有约定收款日期的，为货物发出的当天。

1.7.3 赠送产品同销售，换种方式免纠纷

【问题场景】

一般纳税人姜太公家电销售部门推出一项新的销售活动，购买价值6 000元（不含税）的冰箱就赠送一台价值300元（不含税）的烤箱。财务部门提醒总经理刘丹，按税法规定赠送的烤箱视同销售，要缴纳增值税。刘丹觉得促销是一种经营行为，送产品也是在顾客买货的前提下，没收到赠送商品的钱也是真的，对缴纳该部分增值税非常不理解，便立即咨询财税顾问吴秀娟。

【筹划过程】

姜太公家电：吴经理，咨询件事。财务人员说公司现在"买一赠一"的促销方案有问题，赠送的商品视同销售要另外缴税，是这么回事吗？

您是指赠送的商品要单独缴税吗？

姜太公
家电 | 公司现在推出政策，购买价值6 000元冰箱，就赠送一台价值300元的烤箱。但是财务人员说这300元要满额缴税，我特别不理解。

财务人员说得没错。赠送确实视同销售，毕竟300元收不收是公司的事，但不能拿着国家的税款去让利。国家的政策也没错。

姜太公
家电 | 哎，实质上300元的烤箱也是采购进来的。

所以说，促销方案的实质是顾客买了6 300元的商品，公司是按6 000元折扣价格销售。您只需要让销售人员在开具发票时，将实际收到的销售金额6 000元，按销售和赠品的价值比例分别填写金额即可。

姜太公
家电 | 这真是一个两全其美的方法。

【筹划工具】

"买一赠一"转换为折扣销售

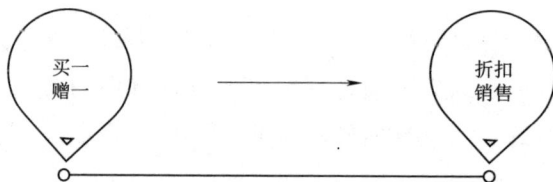

买一赠一 → 折扣销售

【筹划效果】

假设促销活动中指定购买一台冰箱赠送一台烤箱，冰箱的销售价格是6 000元，烤箱的销售价格是300元。

筹划前，"买一送一"视同销售，应纳增值税＝$6\,000×13\%＋300×13\%＝819$（元）。

筹划后，相当于折扣销售，应纳增值税＝$6\,000×13\%＝780$（元）。

经过筹划，该笔业务减少税款$819－780＝39$（元）。

【连线法条】

《中华人民共和国增值税暂行条例实施细则》第四条规定，单位或者个体工商户，将自产、委托加工或者购进的货物无偿赠送其他单位或者个人，将视同销售货物。

《国家税务总局关于印发〈增值税若干具体问题的规定〉的通知》（国税发〔1993〕154号）规定，纳税人采取折扣方式销售货物，如果销售额和折扣额在同一张发票上分别注明的，可按折扣后的销售额征收增值税；如果将折扣额另开发票，不论其在财务上如何处理，均不得从销售额中减除折扣额。

《国家税务总局关于确认企业所得税收入若干问题的通知》（国税函〔2008〕875号）规定，企业以买一赠一等方式组合销售本企业商品的，不属于捐赠，应将总的销售金额按各项商品的公允价值的比例来分摊确认各项的销售收入。

1.8 特殊业务的涉税规划

特殊业务包括财产损失、汇票贴现、产品损失，本节介绍这些特殊业务的涉税规划。

1.8.1 财产损失进项税，未必都要做转出

【问题场景】

荷花香食品为一般纳税人。2023年7月，突降暴雨导致城区内涝，公司仓库被淹，仓库中价值200万元的原料和产品全部过水，无法使用或销售。张会计说之前处理此类资产损失，要将损失货物对应的进项税额转出。总经理张富贵很疑惑，便向财税顾问吴秀娟确认。

【筹划过程】

> **荷花香食品**：吴老师，这次自然灾害让200万元的原料和产品全部报废。张会计说对应的进项税要全部转出，不能抵扣？

> 损失是暴雨造成的，全额列支就可以了，张会计理解得不对呀。

> **荷花香食品**：张会计以前在服装厂工作时，由于管理员的疏忽，丢失一批衣服，虽报案但未找到，税务人员就要求他们将损失货物的进项税额转出了。

> 税务人员说得没错，张会计的处理方式也是对的。虽然两次都是财产损失，性质却不一样的，所以进项税转出的处理也不一样。

> **荷花香食品**：不都是财产损失吗？为何进项税额一个允许转出，一个不允许转出？

如果确定为非正常损失，进项税额就需要转出。非正常损失是指因管理不善造成被盗、丢失、霉烂变质的损失。服装厂因管理不善造成，进项税额就要转出。你们的损失是暴雨导致的，属正常损失，不需转出进项税额。

【筹划工具】

政策列举要理解到位

【筹划效果】

筹划前，张会计将损失货物对应的进项税额转出 26 万元（200×13%）。

筹划后，确定暴雨造成的损失属于增值税规定中的"正常损失"，无须做税务处理。

经过筹划，企业可抵扣 26 万元的进项税额，相当于少缴 26 万元的增值税。

【连线法条】

《财政部 国家税务总局关于全面推开营业税改征增值税试点的通知》（财税〔2016〕36 号）附件 1《营业税改征增值税试点实施办法》，下列项目的进项税额不得从销项税额中抵扣：

‥‥‥‥‥‥

（二）非正常损失的购进货物，以及相关的加工修理修配劳务和交通运输服务。

（三）非正常损失的在产品、产成品所耗用的购进货物（不包括固定资产）、加工修理修配劳务和交通运输服务。

（四）非正常损失的不动产，以及该不动产所耗用的购进货物、设计服务和建筑服务。

非正常损失，是指因管理不善造成货物被盗、丢失、霉烂变质，以及因违反法律法规造成货物或者不动产被依法没收、销毁、拆除的情形。

1.8.2　汇票贴现有办法，操作合法税不缴

【问题场景】

一般纳税人安钢设备近期急需 500 万元周转资金，用于支付到期的欠款和员工工资。财务主管王会计提出可以支取还有三个月到期，面值 300 万元的银行承兑汇票到银行贴现，以解燃眉之急。但当方华总经理了解到银行贴现手续烦琐，且需要长达半个月之久，便求助有资金实力的客户铝泰门窗公司（以下简称铝泰门窗）的孙总帮忙。孙总答应 3 天内以 288 万元收取这笔 300 万元的承兑汇票。

【筹划过程】

> **安钢设备**：吴姐，你是单位顾问，帮我劝劝方总。他要把还有三个月到期的300万元银行汇票贴现给铝泰门窗，对方要12万元贴现利息，怎么办？

> 为什么不去银行贴现？这样做违反票据方面的法律规定，铝泰门窗和你们是什么关系，为何敢冒这种风险？

> **安钢设备**：公司再不给钱就要被起诉了，银行手续烦琐怕来不及。铝泰门窗是我们的老客户，所有的原料都是这家公司提供。两位老板是同学关系，何况也只有这家公司有现金。

> 但是业务必须合法化。公司可以约定向铝泰门窗销售价值288万元的货物，并提前三个月收款，并以300万元的银行承兑汇票作为质押。如果合同未履行，则铝泰门窗有权处置300万元银行承兑汇票，其差额作为违约金不予返还。这笔违约金不需要交税和开发票。

> **安钢设备**：这12万元违约金不属于销售业务，我可以用收据入账列支。

【筹划工具】

——————————— 改变交易模式 ———————————

调整前业务模式：

安钢设备 ⟹ 借款贴现 ⟹ 铝泰门窗

调整后业务模式：

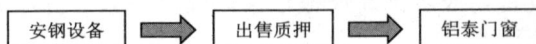

安钢设备 ➡ 出售质押 ➡ 铝泰门窗

【筹划效果】

筹划前，业务模式是出售承兑汇票，属于私下非法买卖票据的行为。

筹划后，业务模式是质押承兑汇票，属于合法的民间借贷融资行为。同时也将利息变成违约金，从应税项目变成了非应税项目，不用缴纳增值税。

【连线法条】

《财政部 国家税务总局关于全面推开营业税改征增值税试点的通知》（财税〔2016〕36 号）附件《营业税改征增值税试点有关事项的规定》，利息及利息性质的收入，按照贷款服务缴纳增值税。

《国家税务总局关于发布〈企业所得税税前扣除凭证管理办法〉的公告》（国家税务总局公告 2018 年第 28 号）规定，企业在境内发生的支出项目不属于应税项目的，对方为单位的，以对方开具的发票以外的其他外部凭证作为税前扣除凭证；对方为个人的，以内部凭证作为税前扣除凭证。

1.8.3　产品损失需缴税，操作不当税负增

【问题场景】

元谷公司是一家一般纳税人的纺织品公司，在年初时购进一批原材料，不含税价格为 100 万元，原材料已经验收入库。由于仓库漏雨，看管人员没及时通风处理，大部分原材料都发霉污染无法再利用。公司决定将损失的存货做报废处理。元谷公司的会计刘强向财税顾问吴秀娟确认自己的处理方法是否妥当。

【筹划过程】

> 元谷公司：吴经理，您看我直接把100万元不含税的原材料，以及对应的进项税13万转到营业外支出，对不对？

> 账务处理是可以的。但是挺可惜的，这批材料一点不能用了吗？你们打算怎么处理呢？还会产生处理费用吧？

| 元谷公司 | 能卖2万元，但运输费就得给人家3万元。 |

不是这么回事啊。卖2万元应计提销项税2 600元。但如果不卖直接报废那就是进项税转出，相当于缴13万元。

| 元谷公司 | 我居然没有想到这一点啊。 |

因为原料并不是完全报废，仍可销售。企业销售原材料，正常记入收入并计提销项税，无须将对应的进项税额转出。

【筹划工具】

改变交易模式

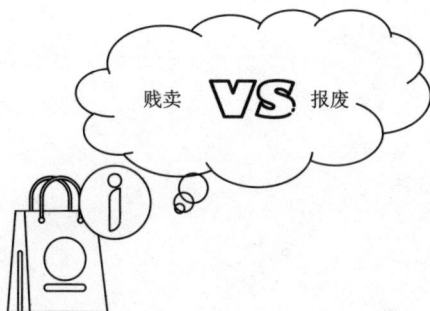

贱卖 VS 报废

【筹划效果】

筹划前，作为非正常损失将购进原材料对应的 13 万元进项税额转出。

筹划后，销售原材料计提销项税额为 2 600 元。

经过筹划，为企业节约 127 400 元。

【连线法条】

《财政部国家税务总局关于全面推开营业税改征增值税试点的通知》(财税〔2016〕36 号）附件《营业税改征增值税试点实施办法》规定，下列项目的进项税额不得从销项税额中抵扣：

…………

（二）非正常损失的购进货物，以及相关的加工修理修配劳务和交通运输服务。

（三）非正常损失的在产品、产成品所耗用的购进货物（不包括固定资产）、加工修理修配劳务和交通运输服务。

（四）非正常损失的不动产，以及该不动产所耗用的购进货物、设计服务和建筑服务。

非正常损失，是指因管理不善造成货物被盗、丢失、霉烂变质，以及因违反法律法规造成货物或者不动产被依法没收、销毁、拆除的情形。

第2章　消费税的规划

消费税是对特定的消费品和消费行为征收的一种流转税，在对货物普遍征收增值税的基础上，再对少数消费品征收一遍消费税。消费税是国家调节产品结构、引导消费方向的有效手段，也是国家财政收入的重要组成部分。

消费税的征收主要是为了调节消费结构，有利于从消费层面节约资源、保护环境，并引导民众青睐于节俭的消费方向。消费税的征税范围共有十几个大类，都是列举式的，不在列示名单里的商品就不需要缴纳消费税。对某些商品计征消费税，如高档化妆品、烟、酒、汽油等，实际上体现了人民生活水平的提高。

2.1 特定消费品的涉税规划

本节主要介绍易货交易、临界点定价、兼营等特定消费品的涉税规划。

2.1.1 易货交易需从高，如何操作正常缴

【问题场景】

大风起公司是一家从事豪华汽车销售的经销商，公司正在筹建维修中心，为客户提供维修、保养服务。建设维修中心需购入价值 300 万元的钢材，而钢材经销商正巧看中了大风起公司经销的车辆。总经理罗珍妮拟用公司总价值 300 万元的两辆豪车换购价值 300 万元的钢材。签约前罗珍妮联系了财税顾问李全珍咨询一些事宜。

【筹划过程】

| 大风起公司 | 李老师，公司这次轿车换钢材抵顶合同总金额300万元，合同这样签订，从税务的角度没什么问题吧？ |

| | 以物易物的应税消费品，需要按照同类消费品的最高销售价格作为计税依据，计算消费税。这种车最近几个月的销售价格是多少？ |

| 大风起公司 | 最低卖到130万元，最高还卖过170万元。合同价是300万元，我这两台车不会按340万征税吧？ |

| | 如果您打算签订以物换物的合同，那么两辆车就得按340万元的销售价格计算缴纳消费税。 |

| 大风起公司 | 那应该怎么办呢？ |

| | 我建议咱们先销售后易物。先将两辆轿车以每辆150万元的价格卖给对方，但不必付款。按照实际成交价格缴纳消费税后，再以300万元的债权换取这批价值300万元的钢材。这样就可以按照较低的价格缴纳消费税。 |

【筹划工具】

改变交易模式

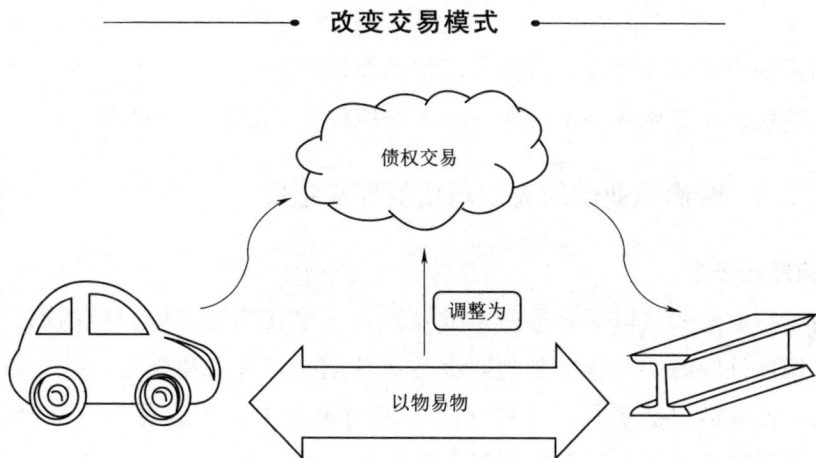

【筹划效果】

筹划前，直接以两辆轿车换取钢材，应当以同类应税消费品的最高销售价格（340万元）作为计税依据计算消费税，大风起公司应纳消费税＝340÷1.13×10％＝30.09（万元）。

筹划后，大风起公司先将轿车销售给钢材经销商，不收取货款形成债权，此时可以按照实际成交价缴纳消费税，再用债权换取这批价值300万元的钢材，大风起公司应纳消费税＝300÷1.13×10％＝26.55（万元）。

经过筹划，降低税收成本3.54万元。

【连线法条】

《国家税务总局关于印发〈消费税若干具体问题的规定〉的通知》（国税发〔1993〕156号）规定，纳税人用于换取生产资料和消费资料，投资入股和抵偿债务等方面的应税消费品，应当以纳税人同类应税消费品的最高销售价格作为计税依据计算消费税。

《财政部 国家税务总局关于对超豪华小汽车加征消费税有关事项的通知》（财税〔2016〕129号）规定：

"小汽车"税目下增设"超豪华小汽车"子税目。征收范围为每辆零售价格130万元（不含增值税）及以上的乘用车和中轻型商用客车，即乘用车和中轻型商用客车子税目中的超豪华小汽车。对超豪华小汽车，在生产

（进口）环节按现行税率征收消费税基础上，在零售环节加征消费税，税率为 10%。

超豪华小汽车零售环节消费税应纳税额计算公式：

零售环节消费税应纳税额 = 零售环节销售额（不含增值税）× 零售环节税率

2.1.2 啤酒企业学问大，巧用临界来定价

【问题场景】

白羊酒业集团（以下简称白羊酒业）是一家在当地家喻户晓的酒厂。近几年，国内外啤酒产品竞争激烈，该下属啤酒公司准备更新生产线，改进产品工艺，使啤酒口感更佳。在销售方案的讨论会上一些人提出要提高定价。会后，集团财务总监刘锋就定价问题咨询财税顾问李全珍。

【筹划过程】

白羊酒业：李老师，现在啤酒的出厂价格是 2 800 元/吨。更新生产线后，公司拟涨价，在税收上有没有公司需要注意的事？

刘总，这个价格是包括包装物和增值税了吗？

白羊酒业：包括包装物和押金的，但是不包括增值税。

那么，账还是要好好算一下的。啤酒的消费税税率有两个档次，每吨销售额在 3 000 元以下的，税额为 220 元；每吨销售额在 3 000 元及以上的，税额为 250 元。我说的这个价格也是不含增值税的价格。一旦定价过了 3 000 元，消费税的增长就削弱了价格增长带来的利润，这里有个平衡点。

白羊酒业：是的，我就是想让你帮着算算这个平衡点。

这个好算，平衡点是 2 999 元-3 029 元。您看 3 029-250=2 779（元），2 999-220=2 779（元）。也就是说 3 029 和 2 999 的价格对公司形成的利润一样，但客户的感觉不一样的，而且形成的增值税也不一样，所以要么超过 3 029 去定价，要么就不要超过 2 999 元定价。

白羊酒业：根据这个价格区间，我就可以制订适合市场的价格，谢谢您！

【筹划工具】

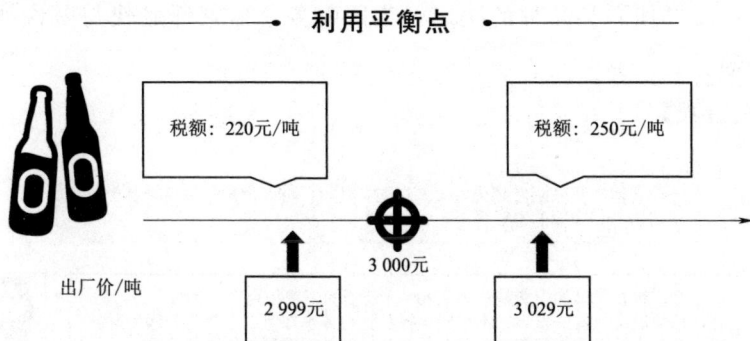

利用平衡点

税额：220元/吨

税额：250元/吨

3 000元

出厂价/吨

2 999元

3 029元

【筹划效果】

筹划前，啤酒公司拟将啤酒的价格提高到 3 029 元/吨，每吨啤酒需缴纳消费税 250 元，扣除消费税后的利润＝3 029－250＝2 779（元）。

筹划后，啤酒公司拟将啤酒的价格提高到 2 999 元/吨，每吨啤酒需缴纳消费税 220 元，扣除消费税后的利润＝2 999－220＝2 779（元）。

经过筹划，啤酒公司选择将啤酒的价格提高到 2 999 元/吨，达到定价提升的要求，既提升销售利润，又节约了成本。

【连线法条】

《财政部 国家税务总局关于调整酒类产品消费税政策的通知》（财税〔2001〕84 号）规定：每吨啤酒出厂价格（含包装物及包装物押金）在 3 000 元（含 3 000 元，不含增值税）以上的，单位税额 250 元/吨；每吨啤酒出厂价格在 3 000 元（不含 3 000 元，不含增值税）以下的，单位税额 220 元/吨。

娱乐业、饮食业自制啤酒，单位税额 250 元/吨。

每吨啤酒出厂价格以 2000 年全年销售的每一牌号、规格啤酒产品平均出厂价格为准。2000 年每一牌号、规格啤酒的平均出厂价格确定之后即作为确定各牌号、规格啤酒 2001 年适用单位税额的依据，无论 2001 年啤酒的出厂价格是否变动，当年适用单位税额原则上不再进行调整。

2.1.3 兼营销售多商品，分别核算减税负

【问题场景】

白羊酒业下属白酒公司主要经营粮食类白酒，以当地生产的大米和玉米为原料进行酿造。为迎合市场需求，白羊酒业拟开始涉及药酒领域，并开始

采购制作药酒的各种材料。由于财务事先并未了解到此情况，在购买药材后，才得知酒厂要增加酒类品种的决定。集团财务总监刘锋赶快与财税顾问李全珍做了沟通。

【筹划过程】

| 白羊酒业 | 李老师，我刚刚看到公司大量在购买药材，准备增加药酒这个品类。我记得药酒和白酒的消费税率不一样吧？ |

是呀，粮食白酒的消费税税率是20%，药酒的消费税税率为10%。公司拓宽市场领域是一件好事啊。不过应该提前让财务也知道这个决定，因为财务要从源头指导好各部门分清两种产品及材料的单据填制、传递和管理。

| 白羊酒业 | 这事您得多提醒总经理。财务人员应做到在实施前，就参与公司的决策中。如果分不清酒类品种，就都按粮食白酒的适用税率缴税了吧？ |

是的，所以一定要分清。销售人员要在合同文本中分别列示销售不同酒的数量和销售额。存货管理要规范，各类产品出库数量记录要清晰。财务应在总账下按产品类别设置二级或三级明细账，分别核算两种酒的销售额、销售量。

| 白羊酒业 | 好的，没有问题，我马上安排下去。 |

【筹划工具】

———— ● 分别核算 ● ————

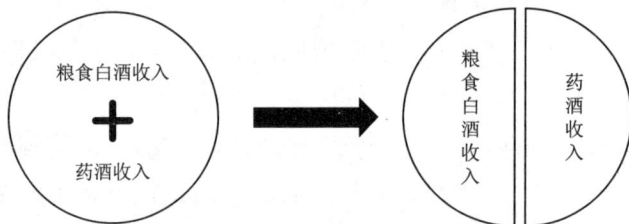

【筹划效果】

假设 9 月，粮食白酒的销售额为 800 万元，销售量为 5 594 千克，药酒的销售额为 300 万元，销售量为 5 000 千克（上述价格均不包含增值税）。

筹划前，没有按标准分别核算，采用税率从高的原则。

应纳消费税税额＝（800＋300）×20％＋（5 594＋5 000）×1 000÷500×0.5÷10 000＝221.06（万元）。

筹划后，两类酒单独核算。

应纳消费税税额＝800×20％＋5 594×1 000÷500×0.5÷10 000＋300×10％＝190.56（万元）。

经过筹划，减少应交税额＝221.06－190.56＝30.5（万元）

【连线法条】

《中华人民共和国消费税暂行条例》（国务院令539号）第三条规定：纳税人兼营不同税率的应当缴纳消费税的消费品（以下简称应税消费品），应当分别核算不同税率应税消费品的销售额、销售数量；未分别核算销售额、销售数量，或者将不同税率的应税消费品组成成套消费品销售的，从高适用税率。

注：《消费税税目税率表》中规定，白酒税率为20％加0.5元/500克（或者500毫升）……其他酒（药酒）税率10％。

2.2　生产环节的涉税规划

本节通过三个案例介绍在生产环节交纳消费税的企业，如何进行合理的税收规划。

2.2.1　消费品扩张市场，税务优化提前做

【问题场景】

上海三洋化妆品生产有限公司（以下简称上海三洋）主要生产高档化妆品，作为国货受到许多消费者的喜爱。上海三洋的股东想拓展北京的化妆品市场，总经理曲颖便向公司的财税顾问李全珍咨询，请她从法、财、税的角度为规划布局提供意见。

【筹划过程】

> 上海三洋：李老师，从财税角度看，这次在北京拓展市场，是成立分公司还是子公司更好？

> 从三个角度看要成立销售子公司优于分公司。先看税收，上海三洋通过北京的子公司，将产品销售给经销商或客户，可以把利润分割一部分留在北京的子公司。化妆品只在生产环节纳消费税，相当于留在销售子公司的收入不必缴纳消费税了。

对的，而且这样操作对增值税没有影响。其次，从财务角度看，子公司的利润也可以分配回母公司，对吧？

嗯，这也是我想说的从财务角度看问题。最后，从法律层面看，子公司更为独立，不会因为经营问题连带母公司。不过，这样设计有优势，也有劣势。比如对子公司产品销售定价不能过低且不合常理，否则也会因关联交易遭受稽查并补税的。

上海
三洋
好的。北京那边远远离总部，存在管理限制。子公司可以责任自负。总部这边可以通过其他手段来监督，但也应给予北京子公司更大的自由度，有利于新市场的开拓。

【筹划工具】

—————• 成立子公司进行税务优化 •—————

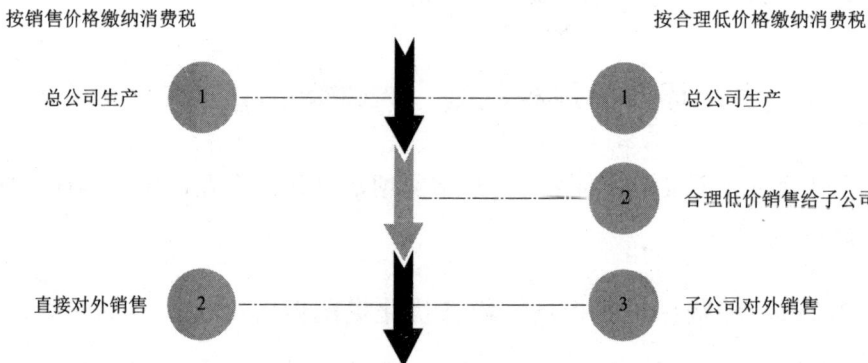

按销售价格缴纳消费税　　　　　　　　　　　按合理低价格缴纳消费税

总公司生产　①　　　　　　　　　　　①　总公司生产

　　　　　　　　　　　　　　　　　②　合理低价销售给子公司

直接对外销售　②　　　　　　　　　　③　子公司对外销售

小贴士：对于生产环节交税的企业，可以采用设立销售公司的方式，将生产环节的销售价格降低，将部分利润让渡给销售团队的同时降低消费税税负。

【筹划效果】

以公司一款高档面霜为例，2022年该面霜的销售收入为1 000万元。（价格均不包含增值税）

筹划前，上海三洋直接将产品销售给北京的经销商和客户。应缴纳消费税＝1 000×15％＝150（万元）。

筹划后，上海三洋先以批发价销售给子公司——北京华洋化妆品销售公司，在这个环节上海三洋应缴纳消费税＝1 000×60％×15％＝90（万元），然后北京华洋化妆品销售公司再加价销售给北京的经销商和客户，在此环节无须缴纳消费税。

经过筹划，成立子公司可降低税收成本 60 万元（150－90）。

【连线法条】

《财政部 国家税务总局关于调整化妆品消费税政策的通知》(财税〔2016〕103 号）规定：取消对普通美容、修饰类化妆品征收消费税，将"化妆品"税目名称更名为"高档化妆品"。征收范围包括高档美容、修饰类化妆品、高档护肤类化妆品和成套化妆品。税率调整为 15％。高档美容、修饰类化妆品和高档护肤类化妆品是指生产（进口）环节销售（完税）价格（不含增值税）10 元/毫升（克）或 15 元/片（张）及以上的美容、修饰类化妆品和护肤类化妆品。

2.2.2 酒厂增加产品线，收购兼并有讲究

【问题场景】

白羊酒业下属白酒公司主要以当地生产的大米和玉米为原料生产粮食类白酒。小河酒厂主要以白酒公司生产的粮食酒为原料生产药酒。经营过程中，小河酒厂由于缺少资金和人才，无法持续经营，处在破产的边缘。财务总监刘锋得知了这个消息，产生了收购小河酒厂的想法，忙联系自己的财税顾问李全珍，询问收购的可行性。

【筹划过程】

白羊酒业： 李老师，最近药酒市场前景很好，我想把小河酒厂收购了。但想不明白是购买股权成为子公司好，还是兼并它好？

您问得太专业了。那我也有个问题，药酒的生产是白酒的下一道工序吗？白酒还要继续销售吗？

白羊酒业： 当然继续销售白酒。泡药酒的酒用的是白酒，不过度数不一样而已。

那从税收上看，兼并更好一些。如果是子公司从母公司收购白酒做原料，母公司销售白酒缴纳的消费税，在子公司不能抵扣。

白羊酒业： 明白了。如果是兼并，那么公司之间的销售白酒就变成了两个部门之间的连续生产行为，传递原料不用再缴消费税。

而且药酒的消费税率比粮食酒低一半。不过从法律风险上看，兼并意味着小河酒厂的法律风险就会转移到你们公司。

白羊酒业： 公司会综合考虑在化解法律风险的前提下，达到税负的最优化。

【筹划工具】

—————— • 整合资源，公司合并 • ——————

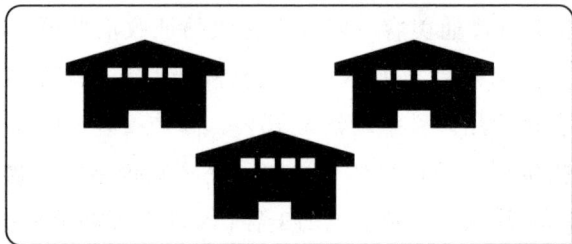

小贴士： 连续生产有利于消费税税负的降低，无须重复纳税。

【筹划效果】

假设下属白酒公司每年向小河酒厂提供价值 2 亿元，5 000 万千克的粮食类白酒作为酿造药酒的原料，小河酒厂可生产出 5 000 万千克药酒，销售额 3 亿元。粮食类白酒适用税率为 20％加 0.5 元/500 克，药酒适用 10％的税率。

筹划前，下属白酒公司和小河酒厂分别为两个独立公司。下属白酒公司每年应纳消费税＝20 000×20％＋5 000×2×0.5＝9 000（万元）；小河酒厂每年应纳消费税＝30 000×10％＝3 000（万元）。

筹划后，下属白酒公司和小河酒厂合并为一家公司，则白酒公司每年应纳消费税＝30 000×10％＝3 000（万元）。

经过筹划，整体降低 9 000 万元的税收成本。

【连线法条】

《中华人民共和国消费税暂行条例》（国务院令 539 号）：

第四条规定，纳税人生产的应税消费品，于纳税人销售时纳税。纳税人自产自用的应税消费品，用于连续生产应税消费品的，不纳税；用于其他方面的，于移送使用时纳税。

第五条规定，消费税实行从价定率、从量定额，或者从价定率和从量定额复合计税（以下简称复合计税）的办法计算应纳税额。应纳税额计算公式：

实行从价定率办法计算的应纳税额＝销售额×比例税率

实行从量定额办法计算的应纳税额＝销售数量×定额税率

实行复合计税办法计算的应纳税额＝销售额×比例税率＋销售数量×定额税率

《中华人民共和国消费税暂行条例》(国务院令 539 号) 后附《消费税税目税率表》中规定，白酒税率为 20％加 0.5 元/500 克 (或者 500 毫升) ……其他酒 (药酒) 税率 10％。

《财政部 国家税务总局关于调整酒类产品消费税政策的通知》(财税〔2001〕84 号) 第五条，停止执行外购或委托加工已税酒和酒精生产的酒 (包括以外购已税白酒加浆降度，用外购已税的不同品种的白酒勾兑的白酒，用曲香、香精对外购已税白酒进行调香、调味以及外购散装白酒装瓶出售等) 外购酒及酒精已纳税款或受托方代收代缴税款准予抵扣政策。2001 年 5 月 1 日以前购进的已税酒及酒精，已纳消费税税款没有抵扣完的一律停止抵扣。

2.2.3　化妆品组套销售，增加销量降税负

【问题场景】

上海三洋的产品深受消费者喜爱，总经理曲颖女士邀请财税顾问李全珍到公司现场考察，并且向其介绍了还没上市的龙年定制化妆品礼盒。出于职业习惯，李全珍晚上回家后又与曲颖聊了税收的问题，没想到还真聊出点问题。

【筹划过程】

> 曲总，礼盒是在厂里包装好再成套售卖的吗？我记得礼盒里有化妆品，化妆工具，还有工艺品。

上海三洋：
> 是的，公司将商品包装好，销售给商家，商家再向外出售。

> 这些商品有的要缴消费税，有的不用缴。但是打包在一起销售，所有产品都要一并计算消费税。从税收的角度来看，这样做是不划算的。我不知道你们的财务是不是这样算税的？

上海三洋：
> 肯定不是这样算税。我记得财务问过我，我要求他们不属于消费税的产品就不算税。

> 这样算肯定不对，给公司留下很大的税收隐患。

上海三洋：
> 请你指导一下公司该如何处理此事。

> 与渠道商沟通好，将商品正常销售给渠道商，再向渠道商提供礼盒。由渠道商包装后再对外销售，这样就没问题了。

【筹划工具】

先销售，后包装

【筹划效果】

假设每套礼盒中有：一瓶香水 300 元，一瓶指甲油 50 元，一支口红 200 元，一瓶沐浴液 100 元，化妆工具及工艺品 50 元（上述价格均不含税）。

筹划前，成套销售应缴消费税＝（300＋50＋200＋100＋50）×15％＝105（元）。

筹划后，先销售后包装，应缴消费税＝（300＋50＋200）×15％＝82.5（元）。

【连线法条】

《中华人民共和国消费税暂行条例》（国务院令 539 号）规定，纳税人兼营不同税率的应当缴纳消费税的消费品（以下简称应税消费品），应当分别核算不同税率应税消费品的销售额、销售数量；未分别核算销售额、销售数量，或者将不同税率的应税消费品组成成套消费品销售的，从高适用税率。

《财政部 国家税务总局关于调整化妆品消费税政策的通知》（财税〔2016〕103 号）规定：

取消对普通美容、修饰类化妆品征收消费税，将"化妆品"税目名称更名为"高档化妆品"。征收范围包括高档美容、修饰类化妆品、高档护肤类化妆品和成套化妆品。税率调整为 15％。

第 3 章　企业所得税的规划

2007 年 3 月 16 日，《中华人民共和国企业所得税法》正式颁布，并于 2008 年 1 月 1 日起实施。企业所得税具有征收普遍性的特点，是国家宏观经济调控的重要工具之一。

企业要想更好降低税收成本，全面并灵活运用企业所得税优惠政策的同时，也可以从四个角度出发进行规划：税基（应纳税所得额）的规划、税率的规划、税额的规划和综合筹划。

3.1 弥补亏损的涉税规划

本节介绍以前年度亏损如何有效抵减以后年度利润的二个典型场景。

3.1.1 以前年度有亏损，充分利用享优惠

【问题场景】

远新公司是一家于 2017 年新创办的企业，由于前期的投入较大，2018 年亏损 300 万元。随着公司逐渐走上正轨，之后的几年开始盈利，到 2023 年，公司预计当年盈利近 80 万元。财务总监李兴整理了近几年公司的盈亏情况，向财税顾问许丽娟咨询。

【筹划过程】

远新公司：许老师，你看一下我发的历年应纳税所得额的统计表。预计2023年盈利80万元，还可以继续弥补亏损吧。

年度	2018	2019	2020	2021	2022	2023
应纳税所得额（万元）	-300	20	30	40	60	80（预计）

没错，亏损在5年内可以弥补。但是如果2023年只有80万元的盈利，那还有70万元的亏损下一年就无法弥补了。

远新公司：那怎么办呢？我预计2023年的利润应该不少，是否可以提前确认一些收入呢？

未弥补完的亏损非常有必要进行筹划，需要对提前缴纳增值税和浪费的亏损额度之间全面衡量。如果将发货时间提前，或者在合理期间延迟采购固定资产，那么就可以提高应纳税所得额，充分利用亏损额。

【筹划工具】

———————● 充分利用亏损额 ●———————

亏损弥补原则

先亏先补，从亏损次年连续计算补亏年度，最长补亏年度不超过5年，超过5年仍未弥补完的税前不再予以弥补。

小贴士：

（1）此处所说的亏损，为应纳税所得额为负数的金额，并非指会计利润的亏损额。

（2）一般情况下，可弥补亏损的时间为 5 年，快要超过 5 年时，如有能力可进行相关调整，避免出现亏损额度浪费的情况。特殊时期和特殊行业的亏损弥补年限，会延长至 8 至 10 年。

【筹划效果】

筹划前，远新公司 2019 年～2023 年共弥补亏损 230 万元，与 2018 年的亏损额 300 万元相差 70 万元。但由于 2024 年度将超过弥补亏损的 5 年时限，造成 70 万元可弥补亏损浪费。

筹划后，远新公司通过提前发货确认收入、固定资产推迟购置等操作使 2023 年的应纳税所得额从 80 万元提高到 150 万元。

经过筹划，70 万元亏损享受税收优惠政策，可降低企业税收成本 17.5 万元（70×25％）。

【连线法条】

《中华人民共和国企业所得税法》规定，企业纳税年度发生的亏损，准予向以后年度结转，用以后年度的所得弥补，但结转年限最长不得超过五年。

3.1.2　分公司和子公司，如何选择更有利

【问题场景】

安钢设备总部设在山东，招募新技术研发的高科技人才特别困难。由于

相关产业的研发人才大量集中在北京，方华董事长决定机构跟着人才走，把研发机构设在北京。

研发机构是否能产生成果不可预期，但前期的大量投入是必需的。初步预计前两年的亏损分别为 1 000 万元、500 万元。方华董事长联系到公司的财税顾问许丽娟，讨论在北京开设研发机构一事。

【筹划过程】

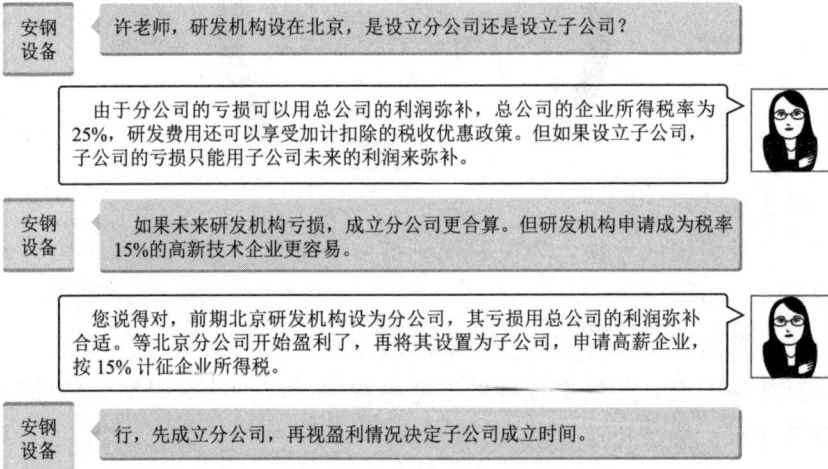

安钢设备：许老师，研发机构设在北京，是设立分公司还是设立子公司？

由于分公司的亏损可以用总公司的利润弥补，总公司的企业所得税率为 25%，研发费用还可以享受加计扣除的税收优惠政策。但如果设立子公司，子公司的亏损只能用子公司未来的利润来弥补。

安钢设备：如果未来研发机构亏损，成立分公司更合算。但研发机构申请成为税率 15% 的高新技术企业更容易。

您说得对，前期北京研发机构设为分公司，其亏损用总公司的利润弥补合适。等北京分公司开始盈利了，再将其设置为子公司，申请高薪企业，按 15% 计征企业所得税。

安钢设备：行，先成立分公司，再视盈利情况决定子公司成立时间。

【筹划工具】

利用分子公司的企业所得税主体不同

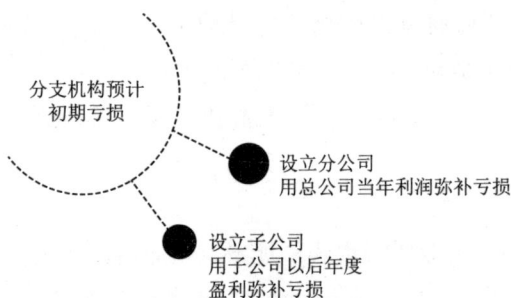

分支机构预计初期亏损

设立分公司
用总公司当年利润弥补亏损

设立子公司
用子公司以后年度盈利弥补亏损

小贴士：分公司一般不是独立的企业所得税纳税主体，子公司则为独立的企业所得税纳税义务人。

【筹划效果】

筹划后，先设立分公司，分公司的亏损在当年可用总公司的利润弥补，总公司缴纳企业所得税共计：（1 000＋500）×25％＝375（万元）。当分公司开始盈利后，再转化为子公司，申请成为高新企业，享受 15％的优惠税率。

经过筹划，将子公司和分公司的优势组合，最大限度上降低税款。

【连线法条】

《中华人民共和国公司法》规定，公司可以设立分公司。设立分公司，应当向公司登记机关申请登记，领取营业执照。分公司不具有法人资格，其民事责任由公司承担。公司可以设立子公司，子公司具有法人资格，依法独立承担民事责任。

《中华人民共和国企业所得税法》规定，居民企业在中国境内设立不具有法人资格的营业机构的，应当汇总计算并缴纳企业所得税；除国务院另有规定外，企业之间不得合并缴纳企业所得税；企业纳税年度发生的亏损，准予向以后年度结转，用以后年度的所得弥补，但结转年限最长不得超过 5 年。

3.2 税率的涉税规划

企业所得税不但有正常的税率，也有符合条件享受较低的优惠税率。本节通过三个案例介绍企业如何满足优惠条件享受低税率的方法。

3.2.1 小微企业优惠多，违法买票要不得

【问题场景】

晶喜公司成立于 2019 年 8 月，当年就形成 90 万元利润。2023 年，由于技术提升，导致用户更依赖晶喜公司提供的服务。总经理刘星星预计 2023 年的资产总额、员工人数及利润和税款较上年都会有所增加，便咨询财税顾问许丽娟。

【筹划过程】

| 晶喜公司 | 许老师，按照现行的小微企业优惠政策和公司目前的情况，公司还属于小微企业吗？ |

符合小微企业的条件没变，应纳税所得额不超过300万元、且从业人数不超过300人、资产总额不超过5 000万元。这些年优惠政策一直在变，今年的优惠力度更大了啊。我刚整理了汇总表，回头发给您。

晶喜公司：国家确定在扶持小微企业。按政策变化情况看，今年100万元以下的税负率2.5%，100万至300万元的税负率是4.17%，比上一年的7.5%，减少了3.33%。

是呀，而且这个政策持续两年。看这个趋势，优惠政策到期以后还会延续，且优惠力度也不会减小。

晶喜公司：以前有过买发票抵税的念头，听说需要给对方3%至8%费用，后来知道这是违法行为就打消了这个念头。

千万别买票，违法犯罪要不得。

【筹划工具】

●———— 小微企业不同时间段的税额对比情况 ————●

2010年1月1日至2024年12月31日，小微企业所得税优惠见表3-2。

表 3-2 小微企业企业所得税优惠政策汇总表　　金额单位：万元

年　度	应纳税所得额（X）	应纳税所得额假设值	小微企业		
			分段实际税率	税额（万元）	实际综合税负率
2010.1.1—2011.12.31	$X \leqslant 3$	3	50%×20%＝10%	3×10%＝0.3	0.3÷3×100%＝10%
2012.1.1—2013.12.31	$X \leqslant 6$	6		6×10%＝0.6	0.6÷6×100%＝10%
2014.1.1—2014.12.31	$X \leqslant 10$	10		10×10%＝1	1÷10×100%＝10%
2015.1.1—2015.9.30	$X \leqslant 20$	20		20×10%＝2	2÷20×100%＝10%
2015.10.1—2016.12.31	$20 < X \leqslant 30$	30		30×10%＝3	3÷30×100%＝10%
2017.1.1—2017.12.31	$X \leqslant 50$	50		50×10%＝5	5÷50×100%＝10%
2018.1.1—2018.12.31	$X \leqslant 100$	100		100×10%＝10	10÷100×100%＝10%
2019.1.1—2020.12.31	$X \leqslant 100$	100	25%×20%＝5%	100×5%＝5	4÷80×100%＝5%
	$100 < X \leqslant 300$	300	50%×20%＝10%	100×5%＋（300－100）×10%＝25	25÷300×100%＝8.33%

年　度	应纳税所得额（X）	应纳税所得额假设值	小微企业		
			分段实际税率	税额	实际综合税负率
2021.1.1—2022.12.31	X≤100	100	12.5%×20%＝2.5%	100×2.5%＝2.5	2.5÷100×100%＝2.5%
	100＜X≤300	300	50%×20%＝10%	100×2.5%＋（300－100）×10%＝22.5	22.5÷300×100%＝7.5%
2023.1.1—2024.12.31	X≤300	300	25%×20%＝5%	300×5%＝15	15÷300×100%＝5%

小贴士：不属于小微企业的一般企业，名义税率与实际税负为 25%，小微企业的税收优惠政策变动频繁，关注国家税务总局最新的公告信息，确定应纳税所得额临界点。提前做好应纳税所得额的测算，并根据临界点调整适用方案。

【筹划效果】

私自购买发票是违法的，这种行为不可取，国家对小微企业有很多税收优惠，若晶喜公司利用违法行为购买发票来抵减应纳税所得额的话，购买 50 万元的发票，按票面价值的 3%～8% 计算给对方的税款，成本率为 3%～8%。

晶喜公司的利润表中会多出来 50 万元的利润，如果应纳税所得额在 100 万元以内，50 万元对应的税负率为 2.5%；如果应纳税所得额超过 100 万元但在 300 万元以内，50 万元对应的税负率为 5%。

按税收优惠政策纳税，比违法行为的纳税成本还要低得多。

【连线法条】

《财政部　税务总局关于实施小微企业普惠性税收减免政策的通知》（财税〔2019〕13 号）第二条规定，对小型微利企业年应纳税所得额不超过 100 万元的部分，减按 25% 计入应纳税所得额，按 20% 的税率缴纳企业所得税；对年应纳税所得额超过 100 万元但不超过 300 万元的部分，减按 50% 计入应纳税所得额，按 20% 的税率缴纳企业所得税。

《财政部　税务总局关于实施小微企业和个体工商户所得税优惠政策的公告》（财政部　税务总局公告 2021 年第 12 号）规定，对小型微利企业年应纳税所得额不超过 100 万元的部分，在（财税〔2019〕13 号）第二条规定的优惠政策基础上，再减半征收企业所得税。

《国家税务总局关于落实支持小型微利企业和个体工商户发展所得税优惠政策有关事项的公告》（国家税务总局公告 2021 年第 8 号）规定，对小型微利企业年应纳税所得额不超过 100 万元的部分，减按 12.5％计入应纳税所得额，按 20％的税率缴纳企业所得税。

《财政部 税务总局关于进一步实施小微企业所得税优惠政策的公告》（财政部 税务总局公告 2022 年第 13 号）规定，对小型微利企业年应纳税所得额超过 100 万元但不超过 300 万元的部分，减按 25％计入应纳税所得额，按 20％的税率缴纳企业所得税。

本公告所称小型微利企业，是指从事国家非限制和禁止行业，且同时符合年度应纳税所得额不超过 300 万元、从业人数不超过 300 人、资产总额不超过 5 000 万元等三个条件的企业。

《财政部 税务总局关于小微企业和个体工商户所得税优惠政策的公告》（财政部 税务总局公告 2023 年第 6 号）规定，对小型微利企业年应纳税所得额不超过 100 万元的部分，减按 25％计入应纳税所得额，按 20％的税率缴纳企业所得税。

3.2.2 享受两个低税率，如何操作更优惠

【问题场景】

晶喜公司的刘星星总经理在一次财税培训班上，学习到高新技术企业的优惠政策。刘总发现自己公司完全满足高新企业的认定条件，并可以享受 15％企业所得税优惠税率。回到公司后，他马上安排人员去进行高新技术企业的申请。在与财税顾问许丽娟联系后，发现就算申请了高新技术企业，也不能按 15％的税率计算企业所得税。

【筹划过程】

晶喜公司：许老师，公司要申请高新技术企业，你能来协助财务操作一下此事吗？这样公司就可享受高新技术企业优惠税率了。

刘总，我记得公司是小微企业吧？应纳税所得额不超过300万元、从业人数不超过300人、资产总额不超过5 000万元，哪个数据突破临界点了？

晶喜公司	没突破，近三年内都突破不了的，小微企业税率20%，高新技术企业税率15%，这不是想选择更优惠的政策吗？

小微企业的税率高一点，但是优惠政策多，实际税负远低于15%。并且按规定两个政策是不能叠加享受的，你们公司选择小微企业政策更合适。

晶喜公司	是比较税负，不是比较税率？

是的，我把两个政策对税款影响的实际税负发给您，你就明白了。如果考虑到申请高新技术企业，对开展企业经营帮助，建议继续申请的。另外，如果你近三年不符合小微企业的标准，申请高新技术企业也有帮助。

【筹划工具】

两利相权取其重，税负才有可比性

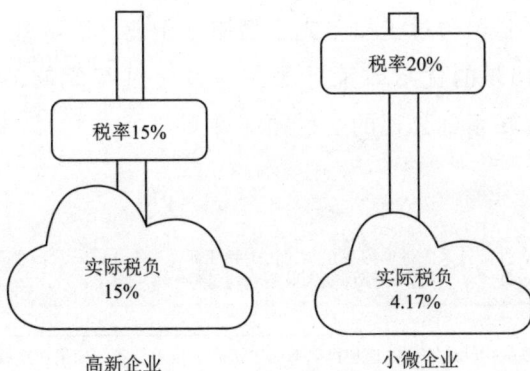

税率15%
实际税负15%
高新企业

税率20%
实际税负4.17%
小微企业

小贴士：小微企业的实际税负，详见表 3-2，此处不再赘述。

【筹划效果】

假设晶喜公司 2022 年盈利 300 万元。享受高新技术企业低税率的优惠，应纳企业所得税＝300×15％＝45（万元）。

不享受高新技术企业低税率的优惠，享受小微企业优惠，应纳企业所得税＝100×12.5％×20％＋（300－100）×25％×20％＝12.5（万元）。

经过筹划，选择不享受高新技术企业低税率的优惠，享受小微企业优惠，可减少 32.5 万元（45－12.5）。

【连线法条】

小型微利企业所得税优惠相关政策详见 3.2.1 节【连线法条】内容。

《中华人民共和国企业所得税法》第二十八条规定，符合条件的小型微利企业，减按 20％ 的税率征收企业所得税。国家需要重点扶持的高新技术企业，减按 15％ 的税率征收企业所得税。

《国家税务总局关于实施高新技术企业所得税优惠政策有关问题的公告》（国家税务总局公告 2017 年第 24 号）规定，企业的高新技术企业资格期满当年，在通过重新认定前，其企业所得税暂按 15％ 的税率预缴，在年底前仍未取得高新技术企业资格的，应按规定补缴相应期间的税款。

3.2.3 "高新技先"税率低，选择哪种更方便

【问题场景】

灰度科技公司（以下简称灰度科技）是一家专注于人工智能的科技公司，拥有自己的研发团队和专利技术，同时也为海外用户提供智能系统的方案解决业务。三年前，公司通过了技术先进型服务企业（简称技先企业）的认定，享受企业所得税 15％ 的优惠政策。现在即将超过有效期，需要重新申请认定。总经理肖洪茂联系到公司的财税顾问许丽娟。

【筹划过程】

> 灰度科技：许老师，技术先进型服务企业的认定到期需要重新认定，我担心有些指标可能达不到规定，那样就享受不到15%的优惠税率了。

> 肖总，哪些指标达不到？您也可以考虑申请高新技术企业，如果认定成功，企业所得税也可以减按15%的税率征收。

> 灰度科技：我这边主要担心的是收入比例的条件达不到要求，这两种认定的条件和程序有什么区别？

> 高新技术企业的认定标准是打分制，要求公司高新技术产品和服务收入占到企业同期总收入60%以上。技先企业除了要求技术先进型服务业务收入总和，占本企业当年总收入的50%以上外，离岸外包服务业务收入还要达到一定比例。

> 灰度科技：都是享受一样的优惠税率，那还是要好好筹划，认定程序和条件哪一种对公司更有利。

> 另外，高新企业还有一些其他优惠，比如延长亏损结转年限等。

【筹划工具】

━━━━━━●━━ **选择适合自己的优惠政策** ━━●━━━━━━

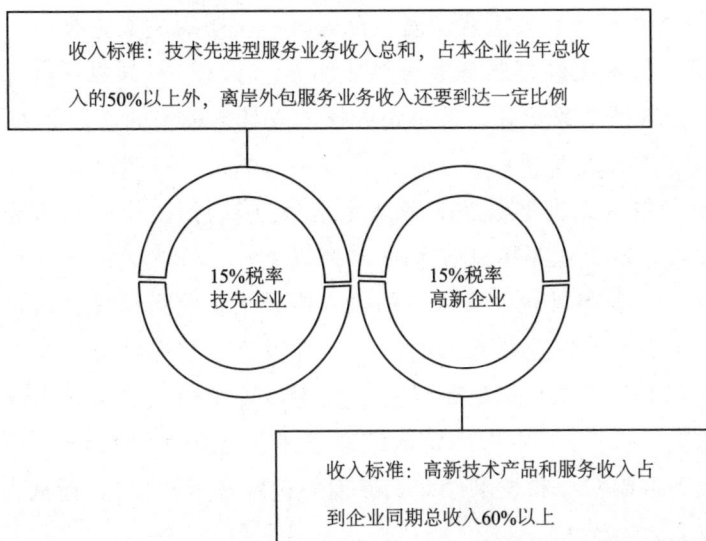

收入标准：技术先进型服务业务收入总和，占本企业当年总收入的50%以上外，离岸外包服务业务收入还要到达一定比例

15%税率
技先企业

15%税率
高新企业

收入标准：高新技术产品和服务收入占到企业同期总收入60%以上

小贴士： 同样都是享受 15％的企业所得税优惠，但是申请的手续不一样，认定的条件也不一样，公司可选择对自身最有利的方式进行。

【筹划效果】

筹划前，技术先进型服务企业的标准较难达到，若申请不成功，灰度科技的企业所得税税率将恢复为25％。

筹划后，申请条件更容易实现的高新技术企业。

经过筹划，付出较少的精力，灰度科技的企业所得税仍然可减按15％的税率征收。

【连线法条】

《财政部 税务总局 商务部 科技部 国家发展改革委关于将技术先进型服务企业所得税政策推广至全国实施的通知》（财税〔2017〕79 号）：

一、自 2017 年 1 月 1 日起，在全国范围内实行以下企业所得税优惠政策：

1. 对经认定的技术先进型服务企业，减按 15％的税率征收企业所得税。

2. 经认定的技术先进型服务企业发生的职工教育经费支出，不超过工资薪金总额 8％的部分，准予在计算应纳税所得额时扣除；超过部分，准予在以后纳税年度结转扣除。

二、享受本通知第一条规定的企业所得税优惠政策的技术先进型服务企业必须同时符合以下条件：

1. 在中国境内（不包括港、澳、台地区）注册的法人企业；

2. 从事《技术先进型服务业务认定范围（试行）》（详见附件）中的一种或多种技术先进型服务业务，采用先进技术或具备较强的研发能力；

3. 具有大专以上学历的员工占企业职工总数的50％以上；

4. 从事《技术先进型服务业务认定范围（试行）》中的技术先进型服务业务取得的收入占企业当年总收入的50％以上；

5. 从事离岸服务外包业务取得的收入不低于企业当年总收入的35％。

从事离岸服务外包业务取得的收入，是指企业根据境外单位与其签订的委托合同，由本企业或其直接转包的企业为境外单位提供《技术先进型服务业务认定范围（试行）》中所规定的信息技术外包服务（ITO）、技术性业务流程外包服务（BPO）和技术性知识流程外包服务（KPO），而从上述境外单位取得的收入。

《中华人民共和国企业所得税法实施条例》第九十三条，企业所得税法第二十八条第二款所称国家需要重点扶持的高新技术企业，是指拥有核心自主知识产权，并同时符合下列条件的企业：

（一）产品（服务）属于《国家重点支持的高新技术领域》规定的范围；

（二）研究开发费用占销售收入的比例不低于规定比例；

（三）高新技术产品（服务）收入占企业总收入的比例不低于规定比例；

（四）科技人员占企业职工总数的比例不低于规定比例；

（五）高新技术企业认定管理办法规定的其他条件。

《国家重点支持的高新技术领域》和高新技术企业认定管理办法由国务院科技、财政、税务主管部门和国务院有关部门制定，报国务院批准后公布施行。

《中华人民共和国企业所得税法》第二十八条规定，符合条件的小型微利企业，减按20％的税率征收企业所得税。国家需要重点扶持的高新技术企业，减按15％的税率征收企业所得税。

3.3 税基的涉税规划

企业所得税是根据应纳税所得额乘以税率计算得出。应纳税所得额又被称为企业所得税的税基，本节通过三个案例介绍合法降低应纳税所得额的方法。

3.3.1 助力残疾人就业，有啥优惠可享受

【问题场景】

荷花香食品是一家大型食品生产企业，在几年前经过生产技术改革后，在用人方面宽松很多，有一些岗位对人员条件没有硬性要求。于是总经理张富贵决定，在经营条件允许的条件下，接收残疾人员工。公司现有员工 500 人，雇佣残疾人员工 50 人。近日，公司请财税顾问许丽娟对公司进行了税收诊断。

【筹划过程】

> 张总，公司雇佣了50名残疾人员工，在计算企业所得税时，他们的工资好像没有加计扣除吧？

荷花香食品
> 残疾员工数量占总用工人数的比例达不到规定的比例，享受不了优惠政策。

> 张总，您是不是把政策搞混？增值税的限额即征即退优惠政策，才有人数比例要求。企业所得税的残疾人优惠政策是没有这个要求的。

荷花香食品
> 我确实没搞明白，您详细说说是什么优惠？没有人数比例的限制，有没有其他条件限制呢？

> 优惠政策规定在应纳税所得额中按发放给残疾员工工资的 100% 加计扣除。对于其他条件限制的规定是与残疾员工签订劳动合同，按月足额缴纳社会保险费，工资达到当地最低工资标准，具备基本设施等要求。

【筹划工具】

———► 税种不同，享受优惠政策的条件未必相同 ◄———

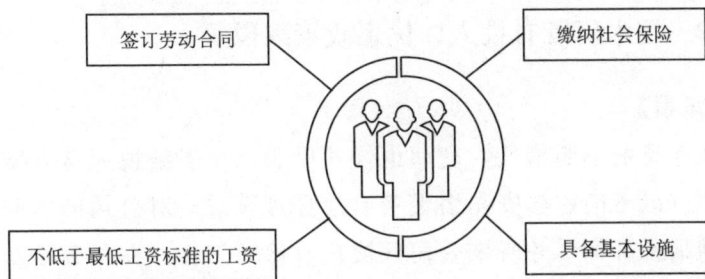

- 签订劳动合同
- 缴纳社会保险
- 不低于最低工资标准的工资
- 具备基本设施

【筹划效果】

筹划前，将适用企业所得税优惠政策的条件与增值税优惠政策混淆，未享受安置残疾职工工资100％加计扣除的优惠。

筹划后，熟悉并充分利用政策。假设每年支付给残疾员工的工资总额为240万元，企业所得税可以减少60万元（240×25％）。

经过筹划，减少税款60万元。

【连线法条】

《中华人民共和国企业所得税法》第三十条第二项规定，安置残疾人员及国家鼓励安置的其他就业人员所支付的工资，可以在计算应纳税所得额时加计扣除。

《中华人民共和国企业所得税法实施条例》第九十六条规定，企业安置残疾人员所支付的工资的加计扣除，是指企业安置残疾人员的，照支付给残疾职工工资据实扣除的基础上，按照支付给残疾职工工资的100％加计扣除。残疾人员的范围适用《中华人民共和国残疾人保障法》的有关规定。

《财政部 国家税务总局关于安置残疾人员就业有关企业所得税优惠政策问题的通知》（财税〔2009〕70号）规定：企业享受安置残疾职工工资100％加计扣除应同时具备如下条件：

（一）依法与安置的每位残疾人签订了1年以上（含1年）的劳动合同或服务协议，并且安置的每位残疾人在企业实际上岗工作。

（二）为安置的每位残疾人按月足额缴纳了企业所在区县人民政府根据国家政策规定的基本养老保险、基本医疗保险、失业保险和工伤保险等社会保险。

（三）定期通过银行等金融机构向安置的每位残疾人实际支付了不低于企业所在区县适用的经省级人民政府批准的最低工资标准的工资。（四）具备安置残疾人上岗工作的基本设施。

3.3.2　技术研发有投入，优惠政策减税负

【问题场景】

随着业务量的不断增长，利润也快速增长。一般纳税人金安防盗设备制造有限公司（以下简称金安防盗设备）总经理李总，对公司的税收问题越来越重视，聘请税务师事务所来公司开展税收诊断工作。在税务诊断报告中有关优惠诊断的部分，李总看到自己的公司可能存在未充分利用税收优惠政策，

导致多缴税的结论，感到很困惑，便向财税顾问许丽娟提出自己的疑问。

【筹划过程】

> **金安**
> 防盗设备
>
> 报告我看到了，这里面说公司有可能存在多缴税的情况？

> 李总，税务师查看了公司近三年的账，发现每年利润都在增长，也关注到公司在招聘技术人员，准备从事新技术和新产品研发。

> **金安**
> 防盗设备
>
> 对呀，这几年市场还算好，但公司要想发展下去，就必须搞新产品和技术的研发。公司已经投了一些钱，与某大学建立了合作研发的项目，今年准备投400万元搞研发。

> 这就是报告里提到的，公司可能存在未充分利用税收优惠政策的情况。如果今年准备投入400万元搞研发，财务人员就必须提前做好备查账等工作。目的是让研发费用加计扣除，也就是说投入400万元，可以按800万元列支，能减少100万元的税收。

> **金安**
> 防盗设备
>
> 我问过财务人员，达不到高新技术企业的标准，我也就没和财务说太多技术研发的事。

> 李总，研发费用加计扣除适用于你们这个行业。

【筹划工具】

——• 研发费加计扣除适合所有企业 •——

研发费用100%加计扣除

小贴士：不要想当然地认为研发费用加计扣除只适用于高新技术企业。国家对除烟草制造业、住宿和餐饮业、批发和零售业、房地产业、租赁和商务服务业、娱乐业等以外的其他行业的研发活动均给予研发费用加计扣除的优惠政策。当然，加计扣除的研发费用一定要符合税法的规定，不符合条件的费用不要随意计入研发费用。

【筹划效果】

筹划前，400万元研发费用据实扣除。

经过筹划，400万元研发费用100%加计扣除，相当于扣了800万元。

经过筹划，相当于降低税负100万元（400×25%）。

【连线法条】

《财政部 税务总局关于进一步完善研发费用税前加计扣除政策的公告》

（财政部 税务总局公告 2021 年第 13 号）规定，制造业企业开展研发活动中实际发生的研发费用，未形成无形资产计入当期损益的，在按规定据实扣除的基础上，自 2021 年 1 月 1 日起，再按照实际发生额的 100％在税前加计扣除；形成无形资产的，自 2021 年 1 月 1 日起，按照无形资产成本的 200％在税前摊销。本条所称制造业企业，是指以制造业业务为主营业务，享受优惠当年主营业务收入占收入总额的比例达到 50％以上的企业。

《财政部 税务总局关于进一步完善研发费用税前加计扣除政策的公告》（2023 年第 7 号）规定，企业开展研发活动中实际发生的研发费用，未形成无形资产计入当期损益的，在按规定据实扣除的基础上，自 2023 年 1 月 1 日起，再按照实际发生额的 100％在税前加计扣除；形成无形资产的，自 2023 年 1 月 1 日起，按照无形资产成本的 200％在税前摊销。

3.3.3 环保企业很特殊，优惠政策别错过

【问题场景】

厨余垃圾是餐饮垃圾的一种，不仅包括食物残留物，还包括食品的包装材料等。厨余垃圾的传统处理方法是直接填埋，但是这种做法很容易产生不易降解的成分，直接造成土壤和地下水污染。

绿色地球环保公司（以下简称绿色地球环保）就是这样一家厨余垃圾处理公司，随着科技的发展，厨余垃圾处理技术日渐成熟，利润也逐步提高。总经理赵嵋向财税顾问许丽娟咨询税收优惠方面的政策。

【筹划过程】

绿色地球环保： 许老师，这几年公司的厨余垃圾处理技术越来越成熟，今年估计利润还不错，政府也给了不少补贴款。想向你咨询企业所得税方面的优惠政策有哪些？

政府补贴如果符合政策，当期不用缴企业所得税。公司是厨余垃圾综合再利用的企业，可以享受收入减按90%计算的政策。

绿色地球环保： 我记得我刚上项目时，公司收入不属于优惠政策范畴？

这个政策是2021年版的《资源综合利用企业所得税优惠目录》，刚刚新增的。也就是说从2021年1月1日起，您公司就可以享受这个政策了。

绿色
地球环保

> 太好了。那公司所有的收入都可以享受这个优惠吗？

> 不是的，同时从事其他项目而取得的非资源综合利用收入，需要和资源综合利用收入分开核算，没有分开核算的，就不能享受优惠政策了。

【筹划工具】

时刻关注税收优惠政策变化

资源综合利用企业符合规定的收入，减按90%计入收入总额

小贴士： 资源综合利用行业是国家鼓励发展的行业，除了企业所得税，在增值税方面也有很多优惠政策。资源综合利用企业应根据自身情况，充分利用税收优惠，将企业所得税和增值税一起筹划，节约税收成本的效果会更好。

【筹划效果】

假设2023年利用厨余垃圾生产有机肥料、沼气等收入为1 500万元。

筹划前，不享受优惠政策。

筹划后，对不同的收入项目分别核算，可以享受优惠政策。符合要求的收入减计90%计入收入总额，按政策计算税额 ＝1 500×（1－90%）×25%＝37.5（万元）。

经过筹划，降低企业税负37.5万元。

【连线法条】

《中华人民共和国企业所得税法》规定，企业综合利用资源，生产符合国家产业政策规定的产品所取得的收入，可以在计算应纳税所得额时减计收入。

《中华人民共和国企业所得税法实施条例》第九十九条规定，企业所得税法第三十三条所称减计收入，是指企业以《资源综合利用企业所得税优惠目录》规定的资源作为主要原材料，生产国家非限制和禁止并符合国家和行业相关标准的产品取得的收入，减按90%计入收入总额。前款所称原材料占生产产品材料的比例不得低于《资源综合利用企业所得税优惠目录》规定的标准。

《中华人民共和国企业所得税法实施条例》第一百零二条规定，企业同时从事适用不同企业所得税待遇项目的，其优惠项目应当单独计算所得，并合理分摊企业的期间费用；没有单独计算的，不得享受企业所得税优惠。

3.4 扣除项目的涉税规划

扣除项目是在计算应纳税所得额时，最为重要的影响因素之一。本节介绍了三个合理合法加大扣除项目的方法。

3.4.1 加速折旧有手段，三种方法可选择

【问题场景】

安钢设备是一般纳税人的制造业企业。财务总监孙万在制订2024年预算时，预计利润总额约1 000万元。在测算企业所得税时，希望财税顾问许丽娟能够给些建议。孙万介绍了2024年公司拟购入两台价值400万元的生产设备。

【筹划过程】

> **安钢设备**：许老师，新购置的这两台设备如何折旧，才可以合法加速折旧抵减应纳税所得额呢？

> 您先要确定加速折旧的方法是否合理。采用加速折旧，有两种办法：一是降低折旧年限，按税法规定最低折旧年限的60%，也就是6年；二是采用加速折旧方法，如采用年数总和法。

> **安钢设备**：合理。设备前几年的磨损会非常大，另外明年利润比较高，而未来利润能否保持，要有机会，所以尽快折旧最好。

> 还有个有时效的政策，2027年12月31日之前，新购进的单位价值不超过500万元的设备，可以当年一次性计入当期成本。

> **安钢设备**：也就是说，国家在特殊时期会出台鼓励企业投入资产的优惠政策，公司应随时关注新政，在优惠期内充分利用政策。

> 您说得对，这些政策并不是随时都有。应关注财政部、国家税务总局颁布的文件，提前做好税收筹划。

【筹划工具】

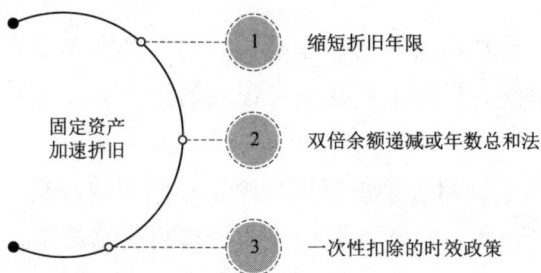

利用加速折旧的政策降低税收

1 缩短折旧年限

固定资产加速折旧 2 双倍余额递减或年数总和法

3 一次性扣除的时效政策

【筹划效果】

固定资产以净残值 5% 为例，筹划前，两台设备每年提取固定资产折旧＝（400－400×5%）÷10＝38（万元）。

筹划后，400 万元一次性计入当期成本费用。

经过筹划，安钢设备公司 2024 年度可以增加税前扣除＝400－38＝362（万元），应纳税所得额减少 362 万元，年度企业所得税减少额＝362×25%＝90.5（万元）。

【连线法条】

《中华人民共和国企业所得税法实施条例》第六十条规定，除国务院财政、税务主管部门另有规定外，固定资产计算折旧的最低年限如下：

……飞机、火车、轮船、机器、机械和其他生产设备，为 10 年。第九十八条规定，采取缩短折旧年限方法的，最低折旧年限不得低于本条例第六十条规定折旧年限的 60%；采取加速折旧方法的，可以采取双倍余额递减法或者年数总和法。

《关于设备、器具扣除有关企业所得税政策的公告》（财政部 税务总局公告 2023 年第 37 号）规定：

一、企业在 2024 年 1 月 1 日至 2027 年 12 月 31 日期间新购进的设备、器具，单位价值不超过 500 万元的，允许一次性计入当期成本费用在计算应纳税所得额时扣除，不再分年度计算折旧；单位价值超过 500 万元的，仍按企业所得税法实施条例、《财政部 国家税务总局关于完善固定资产加速折旧企业所得税政策的通知》（财税〔2014〕75 号）、《财政部 国家税务总局关于进一步完善固定资产加速折旧企业所得税政策的通知》（财税〔2015〕106 号）等相关规定执行。

二、本公告所称设备、器具，是指除房屋、建筑物以外的固定资产。

3.4.2　捐赠支出可抵扣，加计抵减多优惠

【问题场景】

匠道公司是一家乡镇级的制造业企业，约有 200 多名员工，在当地小有名气。董事长周晓是一位非常有社会责任感的企业家，还被当地群众推选为人大代表。

2023 年，匠道公司财务经理周元预测当年利润刚好超过 300 万元，而为此就有可能享受不到当年小微企业的企业所得税优惠政策。便咨询财税顾问许丽娟。

【筹划过程】

> 周经理，现在企业所得税收优惠政策力度大。根据你的预算，只要超过300万元的利润，企业所得税就得超过75万元。只要低于300万元，税款达不到26万元。利润差一点，税款差很多。

> 匠道公司：所以才找您呀。一万元之差，多缴几十万元税。国家给了支持政策，公司就要利用好，否则就是公司自己的问题了。

> 我记得董事长周晓热爱公益，经常看到贵公司对外捐赠的报道。今年公司有没有捐赠活动，捐赠票据都合法取得了吧？

> 匠道公司：去年捐了，今年还没捐。上次您提醒之后，公司就开始通过慈善总会捐赠。慈善总会根据公司的要求，定向使用资金。

> 这个操作很好，避免了直接捐赠无法获得"公益事业捐赠统一票据"的情况。今天如果你们增加10万元捐赠预算，就可以把应纳税所得额从300万元降下来，可以抵扣几十万元的税款。

> 匠道公司：我想起来了，周晓说过今年仍然要捐赠，我马上补上这笔预算。帮别人就是帮自己，他格局高。

【筹划工具】

●━━ 利用捐赠同时获得社会效益与税收效益 ━━●

¥ 捐款

> 符合规定的捐赠支出，在年度利润总额12%以内的部分，准予在计算应纳税所得额时扣除，超出部分，准予结转以后三年内在计算应纳税所得额时扣除

小贴士： 捐赠不但提升企业形象，也可以抵减应纳税所得额控制税收临

界点，降低成本。

【筹划效果】

假设 2023 年匠道公司年度应纳税所得额为 305 万元。

筹划前，应缴企业所得税＝305×25％＝76.25（万元）。

筹划后，通过有资格的中介机构定向捐赠 10 万元，取得合法捐赠票据，属于符合规定的捐赠支出，可以全额在税前计算扣除。年度应纳税所得额：305－10＝295（万元），应缴企业所得税：100×12.5％×20％＋（295－100）×25％×20％＝12.25（万元）。

经过筹划，既提升了企业形象，又可减少企业所得税 64 万元（76.25－12.25）。

【连线法条】

《财政部 税务总局关于公益性捐赠支出企业所得税税前结转扣除有关政策的通知》（财税〔2018〕15 号）规定，企业通过公益性社会组织或者县级（含县级）以上人民政府及其组成部门和直属机构，用于慈善活动、公益事业的捐赠支出，在年度利润总额 12％以内的部分，准予在计算应纳税所得额时扣除；超过年度利润总额 12％的部分，准予结转以后三年内在计算应纳税所得额时扣除。

《财政部 税务总局关于支持新型冠状病毒感染的肺炎疫情防控有关捐赠税收政策的公告》（财政部 税务总局公告 2020 年第 9 号）规定：

企业和个人通过公益性社会组织或者县级以上人民政府及其部门等国家机关，捐赠用于应对新型冠状病毒感染的肺炎疫情的现金和物品，允许在计算应纳税所得额时全额扣除。

企业和个人直接向承担疫情防治任务的医院捐赠用于应对新型冠状病毒感染的肺炎疫情的物品，允许在计算应纳税所得额时全额扣除。

3.4.3 广告宣传易超标，解决超标要合规

【问题场景】

上海三洋总经理曲颖在审核 2024 年度预算时，发现预计销售收入 20 000 万元，预计发生广告费和业务宣传费 4 000 万元。广告费和宣传费超过企业所得税前扣除标准，曲颖立刻联系财税顾问许丽娟。

【筹划过程】

上海三洋：许老师，根据明年预算显示，公司的广告费和宣传费要超标，对企业所得税影响挺大，有没有啥好办法？

办法一定有。我先了解目前公司的广告宣传方法都有哪些，看看是否能优化？

上海三洋：广告费主要产生于传统媒体平台宣传。也有在各大商场穿着印有本厂标志衬衫的雇用员工在进行宣传，还有在不同平台进行直播。

雇人宣传方式很好，雇员的工资全额扣除且不必计入广告费。直播的费用有些并不属于广告费范畴。

上海三洋：你说得对，这些公司已经考虑到了。但仅仅是传统媒体的广告费就已经超标太多了。

还有一种方法，但需要调整销售流程，虽然麻烦一点，但行之有效。设立销售公司，通过销售公司对外销售。这样两个公司的销售额相加等于原来的两倍。由于增值税可抵扣，消费税也只在生产环节征收，所以在并不影响其他税款和利润的情况下，扣除限额的标准几乎增加一倍。

【筹划工具】

扩大销售基数提高列支额度

调整销售流程，设立销售公司

小贴士：设立销售公司，能增加近一倍的销售额。在处理业务招待费、广告宣传费、捐赠等有税前列支比例限制的扣除项时，公司均可使用此工具。

【筹划效果】

筹划前，广告费、业务宣传费扣除限额 $= 20\,000 \times 15\% = 3\,000$（万元），

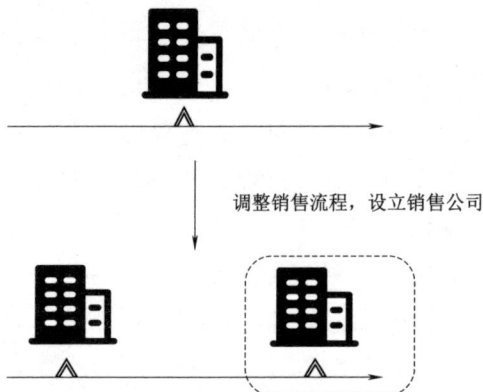
076

广告费、业务宣传费发生额 4 000 万元，超支 1 000 万元，税前利润需调增 1 000 万元，相应多缴纳 250 万元企业所得税。

筹划后，增设独立核算的销售公司。假设先将产品以 15 000 万元的价格出售给销售公司，销售公司再以 20 000 万元的价格售出。在其他条件都不变的情况下，两家公司销售收入由 20 000 万元增加为 35 000 万元，广告费、业务招待费扣除限额＝35 000×15％＝5 250（万元），4 000 万元的广告费、业务宣传费可全额税前扣除。

经过筹划，降低税负 250 万元。

【连线法条】

《中华人民共和国企业所得税法实施条例》第四十四条规定，企业发生的符合条件的广告费和业务宣传费支出，除国务院财政、税务主管部门另有规定外，不超过当年销售（营业）收入 15％的部分，准予扣除；超过部分，准予在以后纳税年度结转扣除。

3.5　税额式优惠政策的涉税规划

本节介绍了企业所得税的优惠政策中，针对税额部分的实务操作案例。

3.5.1　税收洼地有条件，合理操作减税负

【问题场景】

拉拉布公司的总经理马小跳预测公司在 2024 年形成收入 40 亿元，预计成本 30 亿元左右。于是马小跳向财税顾问许丽娟请教税收洼地事宜，想通过此种办法降低税收成本。

【筹划过程】

> 拉拉布公司：许老师，公司今年预计利润不低，但是那些影视公司利润更高，听说他们都跑到新疆的霍尔果斯成立公司，可行吗？

> 国家为了扶持特殊地区经济，会给予税收优惠政策。霍尔果斯就是享受了特殊政策的地区，从2010年就开始有企业所得税在规定年度内免税和减半征收的优惠政策，而且政策会持续到2030年。

> 拉拉布公司：那公司可以去注册吗？还有哪些区域有这种税收优惠政策呢？

优惠政策都有时间限制，你要在优惠期注册才行。另外，你们要在优惠地注册登记，并开展真实的经营活动就可享受政策。海南也有适合条件的产业企业，可以减按15%的税率征收企业所得税。

拉拉布
公司
明白了，关键是在异地经营会增加很多其他的经营成本，与减免税额对比，综合计算成本是升高还是降低都未知。

是的，要看当地具体政策，并非所有企业都可以享受区域优惠政策。回头我帮你们公司查一下哈。

【筹划工具】

税收洼地减少的税与增加经营成本要对比

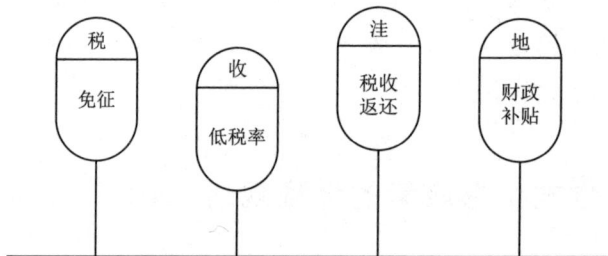

小贴士：享受税收洼地的政策可以减少税收，但随之增加经营成本。需要全面衡量增加的成本与减少的税收。

【筹划效果】

筹划前，2024 年度需要缴纳企业所得税＝10×25％＝2.5（亿元）。

筹划后，假设拉拉布公司选择在海南自贸港设立子公司，符合享受优惠政策的条件，2024 年度子公司需要缴纳企业所得税＝10×15％＝1.5（亿元），税后利润 8.5 亿元分配股息至拉拉布公司，拉拉布公司从子公司取得股息，免纳企业所得税。

经过筹划，减少企业所得税 1 亿元。

【连线法条】

《财政部 税务总局关于海南自由贸易港企业所得税优惠政策的通知》（财税〔2020〕31 号）规定，对注册在海南自由贸易港并实质性运营的鼓励类产业企业，减按 15％的税率征收企业所得税。（本通知自 2020 年 1 月 1 日起执行至 2024 年 12 月 31 日。）

《财政部 税务局关于新疆困难地区及喀什、霍尔果斯两个特殊经济开发区新办企业所得税优惠政策的通知》（财税〔2021〕27号），2021年1月1日至2030年12月31日，对在新疆困难地区新办的属于《新疆困难地区重点鼓励发展产业企业所得税优惠目录》（以下简称《目录》）范围内的企业，自取得第一笔生产经营收入所属纳税年度起，第一年至第二年免征企业所得税，第三年至第五年减半征收企业所得税。

3.5.2 投资如何选方案，哪种利率更可靠

【问题场景】

拉拉布公司每年有200万元资金沉淀。总经理马小跳希望能够把沉淀的资金用于理财。财务经理给出了两个投资方案：

方案一：投资购买国库券，年利率4％，期限3年，单利计息；

方案二：投资购买建设债券，年利率为5.2％，期限3年，单利计息；

马小跳认为存入银行利息太低，借给其他企业风险太大。而这两个投资方案更为可行，便决定先征求财税顾问许丽娟的意见。

【筹划过程】

> 拉拉布公司：许老师，公司的沉淀资金要充分利用。现在这两个方案哪个更合适？确保低风险是首要考虑的因素。

> 这两个方案都挺好。这两种债券都是政府债券，两种方案的风险都不大。虽然国库券的利率看起来略低，但利息可以免缴企业所得税。我先算一下吧，还要看税后收益哪个更高，不能单纯比对名义利率。

> 拉拉布公司：噢，我还真没考虑到税收政策还能有差异。

> 按公司25%的企业所得税率看，以国库券利率倒算，4%÷75%=5.33%，也就是说债券的利率需要大于5.33%，其产生的税后利润才相当于利率为4%的国库券。

> 拉拉布公司：我明白了，如果企业所得税的税率低于25%，也可以按这个方法进行投资项目的收益比较。

【筹划工具】

━━━━━━━━━●━━━━━━ **免税收入与征税收入要按税后收益比对** ━━━━━●━━━━━━━

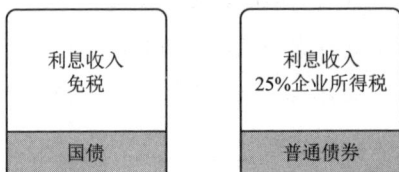

利息收入 免税	利息收入 25%企业所得税
国债	普通债券

小贴士：对持有不同债券取得的利息收入，税法规定是不同的，不能单纯以名义利率作为比对的指标。

【筹划效果】

购买国库券，年利息收入：$200 \times 4\% = 8$（万元），不用缴纳企业所得税。

购买建设债券，年利息收入 $200 \times 5.2\% = 10.4$（万元），需要缴纳企业所得税，税后利息收入：$10.4 \times (1 - 25\%) = 7.8$（万元）。

经过筹划，可以看出购买国库券比购买建设债券多获利 2 000 元。

【连线法条】

《中华人民共和国企业所得税法实施条例》规定，企业所得税法第三条所称所得，包括销售货物所得、提供劳务所得、转让财产所得、股息红利等权益性投资所得、利息所得、租金所得、特许权使用费所得、接受捐赠所得和其他所得。

《中华人民共和国企业所得税法》规定，企业的下列收入为免税收入：

（一）国债利息收入；

（二）符合条件的居民企业之间的股息、红利等权益性投资收益；

（三）在中国境内设立机构、场所的非居民企业从居民企业取得与该机构、场所有实际联系的股息、红利等权益性投资收益；

（四）符合条件的非营利组织的收入。

《财政部 税务总局关于铁路债券利息收入所得税政策的公告》（财政部 税务总局公告 2019 年第 57 号）规定，对企业投资者持有 2019—2023 年发行的铁路债券取得的利息收入，减半征收企业所得税。

3.5.3 园林公司自种树，如何操作更合理

【问题场景】

旋风园林绿化公司（以下简称旋风园林绿化）主要业务为城市绿化配套，

也承揽一些房地产公司的园林绿化业务。为减少对树木来源的依赖性，2021年旋风公司承包了两座山，开始培育树苗。2023年，部分树木可以用于园林工程了。公司财务经理马天宝经介绍认识了财税顾问许丽娟。

【筹划过程】

> **旋风** 园林绿化
>
> 许老师，我听说林木种植免征企业所得税，像公司承包了山头，种植树木用于园林，能不能分开核算免缴企业所得税？

> 马总，林木种植所得确实免征企业所得税，但是公司种养树木和园林种植属于一个产业链下来，就算能分别核算出所得，也存在很多分不清的地方，可信度不高且存在恶意少缴税的可能性。

> **旋风** 园林绿化
>
> 那有什么办法吗？感觉公司只是没有操作好，才无法享受国家的优惠政策。公司做的是国家鼓励的事情，理应归于税收优惠范围。

> 解决好"分不清"的问题。将林木种植业务转给新成立的公司，两家公司分别给客户开具发票。将园林公司栽种自产的树木变成由园林公司栽种他人供给的树木，还能享受增值税简易计税方法。种植公司出售自种树木也可以免缴增值税和企业所得税。

> **旋风** 园林绿化
>
> 分成两个公司，各自的经营活动独立开展，所得也就自然能分清楚了。如果总造价已经确定了，既然林木种植免税，那林木价格就定高一些，种植的工程款定低一些，这样整体税负就降下来了。

> 两家公司为关联企业，如果恶意将免税业务高定价，税务机关是有权调整的。

【筹划工具】

公司分立更清晰，清晰才能享免税

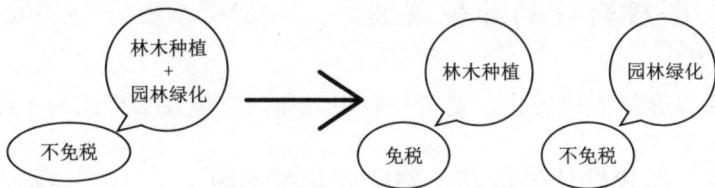

林木种植 + 园林绿化

不免税

→

林木种植

免税

园林绿化

不免税

【筹划效果】

筹划前，林木种植收入和园林工程收入都需要按照6%的税率缴纳增值税，林木种植所得和园林工程所得在企业所得税方面均无优惠政策享受。

筹划后，林木种植收入免征增值税，林木种植所得也属于企业所得税的免税范畴。

经过筹划，减少了林木种植业务的增值税及企业所得税。

【连线法条】

《中华人民共和国企业所得税法》第二十七条规定，企业的下列所得，可以免征、减征企业所得税：

（一）从事农、林、牧、渔业项目的所得；

（二）从事国家重点扶持的公共基础设施项目投资经营的所得；

（三）从事符合条件的环境保护、节能节水项目的所得；

（四）符合条件的技术转让所得；

（五）本法第三条第三款规定的所得。

··········

第四十一条规定，企业与其关联方之间的业务往来，不符合独立交易原则而减少企业或者其关联方应纳税收入或者所得额的，税务机关有权按照合理方法调整。

企业与其关联方共同开发、受让无形资产，或者共同提供、接受劳务发生的成本，在计算应纳税所得额时应当按照独立交易原则进行分摊。

《中华人民共和国企业所得税法实施条例》第八十六条规定，企业所得税法第二十七条第（一）项规定的企业从事农、林、牧、渔业项目的所得，可以免征、减征企业所得税。企业从事下列项目的所得，免征企业所得税：······林木的培育和种植······

3.6 股权转让的涉税规划

本节主要介绍股权转让、变更过程中，如何合理规划形成的企业所得税。

3.6.1 股权转让溢价高，顺序变化税不缴

【问题场景】

拉拉布公司以 160 万元出资，持有昌兴设备有限公司（以下简称昌兴公司）32% 的股权并全部到位。由于昌兴公司的经营战略与拉拉布公司倡导的发展方向不符，拉拉布公司拟将股权以 1 400 万元的价格转让给昌兴公司的另一股东庆海公司。拉拉布公司的总经理马小跳向财税顾问许丽娟咨询该业务的税收政策。

【筹划过程】

马总，股权转让合同我已经看过了，这1 400万元是怎么确定？

拉拉布公司：当初投资了160万元，公司至今都没分红。这多出来的1 240万元就是历年盈利，按公司占股32%的比例算出来的数。

拉拉布公司是法人股东，如果这1 240万元是分红获得，则可以全额免税。而股权转让形成1 240万元溢价，则全额缴纳企业所得税。

拉拉布公司：还有这样的规定？那我先把1 240万元分到手，再用160万元平价转让，就可以不用缴税了吗？

理论是这样。但如果先分红，12 40万元分红款由昌兴公司支付，160万元由庆海公司支付；如果直接转让股权，1 400万元都由庆海公司支付。另外，如果1 240万元包含计提的盈余公积，这部分也不能用于分红。

拉拉布公司：明白了。不过庆海公司持有昌兴公司其余68%的股权，分红对庆海公司也有利，此事可以协调好，让每个公司的利益最大化。

【筹划工具】

改变分红与股权交易的顺序

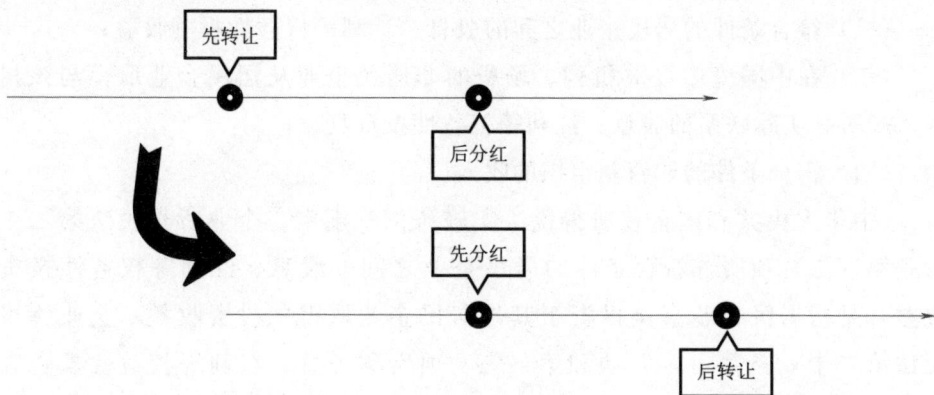

先转让

后分红

先分红

后转让

小贴士：

（1）由于法人股东取得被投资企业的分红款免税，但取自其他股东的股权转让款则溢价全额缴税，所以先分配再转让就可以减少税收成本。

（2）此项方案需要考虑资金流转的问题，以及哪方在承担资金流出的影响。如果被投资企业资金流出，但又无增资补充资金进入，则会影响到被投资企业的流动资金。

（3）如果收购股权的股东是新股东，无法从原公司获得分红收益，则这种操作也无法得到被投资企业的认同，导致无法分红的情况发生。

（4）如果股东是自然人股东，则分红和股权转让都要按 20％缴纳个人所得税，所以也不存在先分红再转让可以减轻税负的问题了。

【筹划效果】

假设 1 240 万元全部属于未分配利润。

筹划前，直接转让股权。股权转让价格为 1 400，其中 160 万元为投资成本，收回不需缴税；1 240 万元为股权转让溢价，需要缴纳企业所得税，拉拉布公司应缴纳企业所得税＝1 240×25％＝310（万元）

筹划后，昌兴公司先分红，然后拉拉布公司进行股权转让。1 240 万元是居民企业之间投资产生的股息红利，不需缴纳企业所得税，160 万元是收回投资成本，也不需缴纳企业所得税。拉拉布公司应缴纳企业所得税等于 0 元。

经过筹划，拉拉布公司股权转让降低企业税负 310 万元。

【连线法条】

《中华人民共和国企业所得税法》规定，企业的下列收入为免税收入：

（一）国债利息收入；

（二）符合条件的居民企业之间的股息、红利等权益性投资收益；

（三）在中国境内设立机构、场所的非居民企业从居民企业取得与该机构、场所有实际联系的股息、红利等权益性投资收益；

（四）符合条件的非营利组织的收入。

《中华人民共和国企业所得税法实施条例》规定，企业所得税法第二十六条第（二）项所称符合条件的居民企业之间的股息、红利等权益性投资收益，是指居民企业直接投资于其他居民企业取得的投资收益。企业所得税法第二十六条第（二）项和第（三）项所称股息、红利等权益性投资收益，不包括连续持有居民企业公开发行并上市流通的股票不足 12 个月取得的投资收益。

3.6.2 股权变更的登记，如何确定好时点

【问题场景】

2023 年 10 月，庆海公司准备与千千公司签订股权转让协议，将其持有

的昌兴设备有限公司 20％股权，以 1 000 万元的价格进行出售。经过商讨，两公司初步约定股权转让款分 3 期支付，最后一笔款项的支付时间是 2025 年 12 月。签订合同前，庆海公司的财务经理王强把合同草稿发给了财税顾问许丽娟。

【筹划过程】

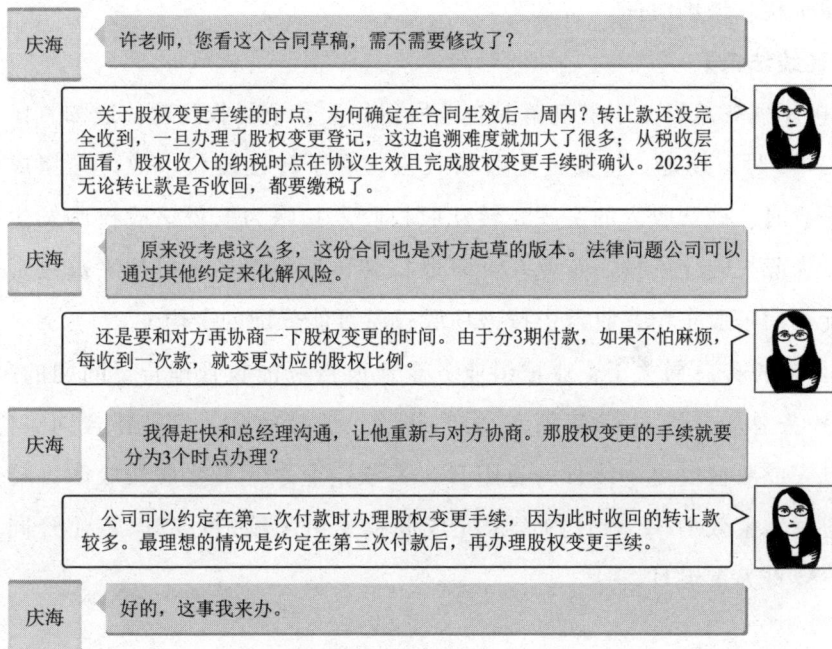

庆海：许老师，您看这个合同草稿，需不需要修改了？

关于股权变更手续的时点，为何确定在合同生效后一周内？转让款还没完全收到，一旦办理了股权变更登记，这边追溯难度就加大了很多；从税收层面看，股权收入的纳税时点在协议生效且完成股权变更手续时确认。2023 年无论转让款是否收回，都要缴税了。

庆海：原来没考虑这么多，这份合同也是对方起草的版本。法律问题公司可以通过其他约定来化解风险。

还是要和对方再协商一下股权变更的时间。由于分 3 期付款，如果不怕麻烦，每收到一次款，就变更对应的股权比例。

庆海：我得赶快和总经理沟通，让他重新与对方协商。那股权变更的手续就要分为 3 个时点办理？

公司可以约定在第二次付款时办理股权变更手续，因为此时收回的转让款较多。最理想的情况是约定在第三次付款后，再办理股权变更手续。

庆海：好的，这事我来办。

【筹划工具】

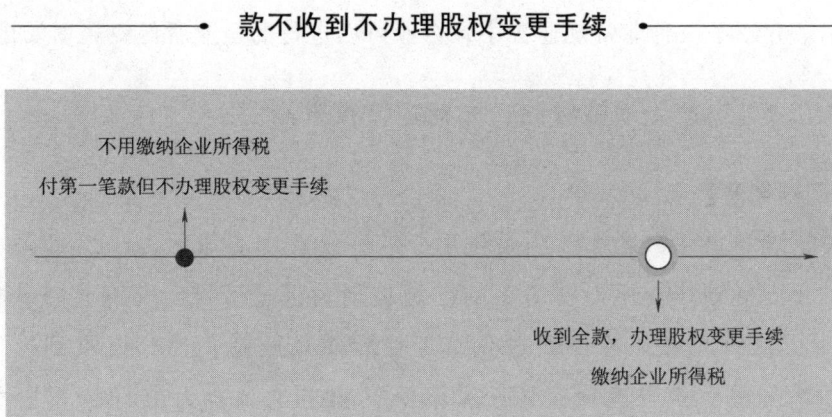

款不收到不办理股权变更手续

不用缴纳企业所得税
付第一笔款但不办理股权变更手续

收到全款，办理股权变更手续
缴纳企业所得税

【筹划效果】

假设庆海公司对昌兴公司股权的原始投资金额为 600 万元。

筹划前，2022 年就办理了股权变更登记，庆海公司需要缴纳企业所得税＝（1 000－600）×25％＝100（万元），在当年全部缴纳。

筹划后，可延迟到 2025 年 12 月缴纳企业所得税，既可降低交易风险，又延缓了税款缴纳时间。

【连线法条】

《国家税务总局关于贯彻落实企业所得税法若干税收问题的通知》(国税函〔2010〕79 号) 规定，企业转让股权收入，应于转让协议生效、且完成股权变更手续时，确认收入的实现。转让股权收入扣除为取得该股权所发生的成本后，为股权转让所得。企业在计算股权转让所得时，不得扣除被投资企业未分配利润等股东留存收益中按该项股权所可能分配的金额。

《国家税务总局关于企业重组业务企业所得税征收管理若干问题的公告》(国家税务总局公告 2015 年第 48 号) 规定，股权收购，以转让合同（协议）生效且完成股权变更手续日为重组日。关联企业之间发生股权收购，转让合同（协议）生效后 12 个月内尚未完成股权变更手续的，应以转让合同（协议）生效日为重组日。

3.7 特殊业务的涉税规划

本节介绍了三种非常规业务中，企业可以进行的企业所得税规划安排。

3.7.1 房产土地被收回，如何定性权责清

【问题场景】

安钢设备是一家老牌制造业公司，厂址设在中心城区。2023 年，根据政府的发展规划，安钢设备所在的区域被列为拆迁区域。安钢设备获得了 5 000 万元的补偿款，并计划在乡镇工业园重新建造厂房。但收到补偿款时，款项由城市投资建设集团公司转入。财务总监孙万立即咨询财税顾问许丽娟。

【筹划过程】

安钢设备：许老师，这次的搬迁补偿款是由城市投资建设公司转入。怎么看着像是公司把房产、土地卖给了城投公司？

无论政府安排由哪个部门或者公司转款，都不影响政策性搬迁的实质。只要证明你们这笔业务确实属于政策性搬迁，只考虑企业所得税即可，不会涉及其他税种。

安钢设备：如果证据不全，是不是要缴很多种的税？

如果无法提供证据，就会被认定为出售房产、土地。不但需要缴增值税，还要在收款当期就要计算缴纳土地增值税和企业所得税。

安钢设备：那我尽快找政府对接，都需要索取哪些证据呢？

需要政府搬迁文件或公告、搬迁重置总体规划、拆迁补偿协议、资产处置计划，以及其他与搬迁相关的事项材料。

【筹划工具】

●── 利用搬迁政策延迟确认收入 ──●

政策性搬迁涉及的税种

税　种	是否需要缴纳	原　因
增值税	×	不属于交易行为，不是增值税征税范畴
土地增值税	×	免征
企业所得税	√	拆迁收入减去规定的拆迁支出、损失，余下的收益需要在 5 年内搬迁完成后或搬迁开始满 5 年缴纳企业所得税

小贴士：不动产移交给国家需要区分是属于政策性搬迁还是出售不动产行为，行为界定不同，税款计算也大为不同

【筹划效果】

经过筹划，安钢设备在获得搬迁补偿款后，非常明确自身的纳税责任，并及时判断是否可以享受纳税优惠政策，避免应缴未缴税款和多缴税款的风险。

【连线法条】

《国家税务总局关于发布〈企业政策性搬迁所得税管理办法〉的公告》（国

家税务总局公告 2012 年第 40 号）第十五条规定，企业在搬迁期间发生的搬迁收入和搬迁支出，可以暂不计入当期应纳税所得额，而在完成搬迁的年度，对搬迁收入和支出进行汇总清算。

第二十二条规定，企业应当自搬迁开始年度，至次年 5 月 31 日前，向主管税务机关（包括迁出地和迁入地）报送政策性搬迁依据、搬迁规划等相关材料。逾期未报的，除特殊原因并经主管税务机关认可外，按非政策性搬迁处理，不得执行本办法的规定。

《中华人民共和国土地增值税暂行条例》规定，有下列情形之一的，免征土地增值税：

（一）纳税人建造普通标准住宅出售，增值额未超过扣除项目金额 20％的；
（二）因国家建设需要依法征收、收回的房地产。

3.7.2 技术销售利润高，成立公司税缓缴

【问题场景】

灰度科技公司（以下简称灰度科技）是一家从事软件开发的公司。灰度科技有一项技术成果，已经在知识产权部门进行了注册认可。该专利研发初始投入成本为 200 万元，经评估机构预测，目前可达 3 000 万元。公司总经理肖洪茂打算用此项专利权出资成立 A 公司，再以评估价格转让给白尚公司，但相关税收规定他不清楚，因此向财税顾问许丽娟进行咨询。

【筹划过程】

> 灰度科技：许老师，这项专利技术经评估可作价3 000万元，我打算成立A公司，我想了解相关的税收政策。

> 灰度公司用专利权出资成立A公司。投资的价格预计为3 000万元。A公司再将专利权以3 000万元的价格卖给白尚公司。这样A公司不用缴纳企业所得税。

> 灰度科技：A公司不用缴纳企业所得税，但是灰度公司投资时，专利权增值了2 800万元，难道不用缴税吗？

> 当然需要缴税，但是国家出台了一个优惠政策，就是利用技术成果投资的溢价可以延迟缴纳企业所得税，直到股权转让时再缴。

> 灰度科技：我明白了。也就是说，只要灰度科技不转让A公司的股权，就可以递延下去。

【筹划工具】

━━━━━━━━━●　利用技术出资延迟纳税的政策　●━━━━━━━━━

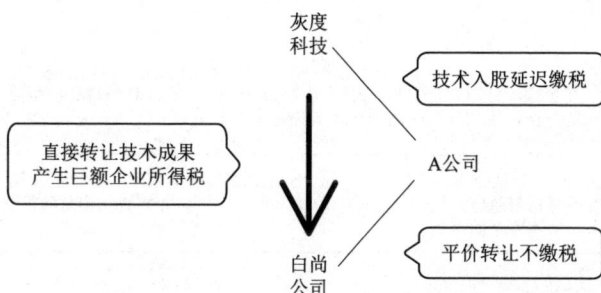

小贴士：技术投资的延迟缴税并非等于不缴税，而是在投资转让时再缴纳。

【筹划效果】

筹划前，直接转让技术成果，作为高新技术企业，应缴纳企业所得税＝（3 000－200）×15％＝420（万元）。

筹划后，灰度科技用技术成果投资成立 A 公司，投资额与拟出售的价格相同，投资入股时应缴企业所得税可递延至转让股权时缴纳。A 公司再将技术成果平价卖出，A 公司没有取得转让差额所以不产生企业所得税。

经过筹划，在灰度科技转让 A 公司股权之前，可减少企业所得税 420 万元。

【连线法条】

《财政部 国家税务总局关于完善股权激励和技术入股有关所得税政策的通知》（财税〔2016〕101 号）规定，企业或个人以技术成果投资入股到境内居民企业，被投资企业支付的对价全部为股票（权）的，企业或个人可选择继续按现行有关税收政策执行，也可选择适用递延纳税优惠政策。

选择技术成果投资入股递延纳税政策的，经向主管税务机关备案，投资入股当期可暂不纳税，允许递延至转让股权时，按股权转让收入减去技术成果原值和合理税费后的差额计算缴纳所得税。

3.7.3　公司做大利润高，分拆业务税负减

【问题场景】

灰度科技公司（以下简称灰度科技）是一家主营软件技术服务企业。2022 年，公司的软件销售收入为 1 500 万元，技术培训服务 400 万元，利润

280 万元。公司总经理肖洪茂根据 2023 年已经签订的合同预算，2023 年的利润能达到 550 万元，便联系财税顾问许丽娟，了解相关税收知识。

【筹划过程】

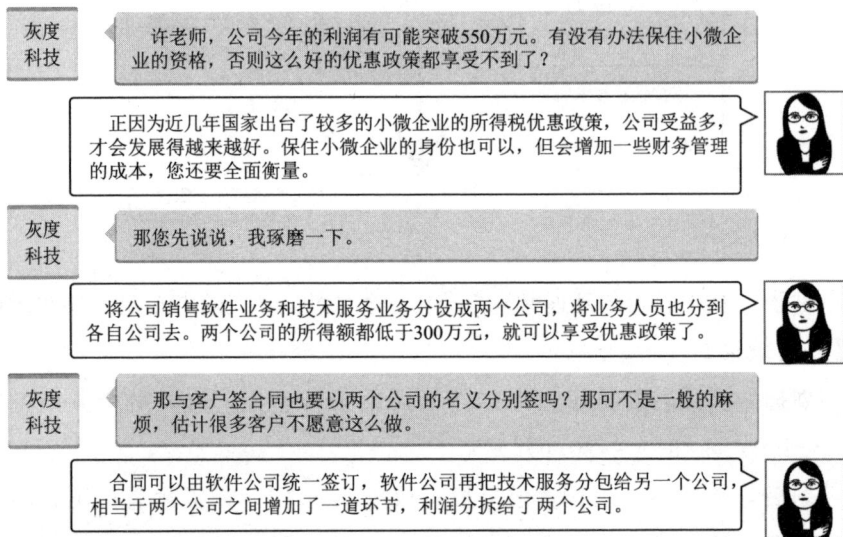

灰度科技：许老师，公司今年的利润有可能突破550万元。有没有办法保住小微企业的资格，否则这么好的优惠政策都享受不到了？

正因为近几年国家出台了较多的小微企业的所得税优惠政策，公司受益多，才会发展得越来越好。保住小微企业的身份也可以，但会增加一些财务管理的成本，您还要全面衡量。

灰度科技：那您先说说，我琢磨一下。

将公司销售软件业务和技术服务业务分设成两个公司，将业务人员也分到各自公司去。两个公司的所得额都低于300万元，就可以享受优惠政策了。

灰度科技：那与客户签合同也要以两个公司的名义分别签吗？那可不是一般的麻烦，估计很多客户不愿意这么做。

合同可以由软件公司统一签订，软件公司再把技术服务分包给另一个公司，相当于两个公司之间增加了一道环节，利润分拆给了两个公司。

【筹划工具】

◆━━━━━ **业务部门分拆，利润随之分拆** ●━━━━━

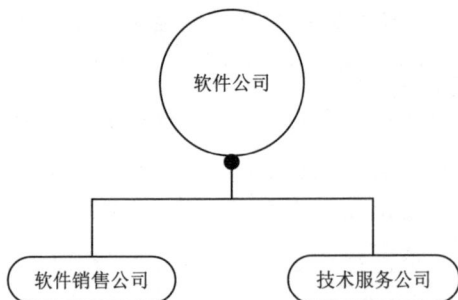

小贴士：将各业务部门分拆为独立公司，让业务部门形成独立的利润中心，虽然有利于减少税收成本，但也增加了管理成本。

【筹划效果】

假设 2022 年软件销售公司应纳税所得额为 300 万元，技术服务公司应纳税所得额为 250 万元。

筹划前，灰度科技年应纳企业所得税＝550×25％＝137.5（万元）；

经过筹划，企业所得税＝100×2.5％＋（300－100）×10％＋100×2.5％＋（250－100）×10％＝2.5＋20＋2.5＋15＝40（万元）。

筹划后，企业所得税减少97.50万元。

【连线法条】

《财政部 税务总局关于实施小微企业普惠性税收减免政策的通知》(财税〔2019〕13号）：第一条规定，对月销售额10万元以下（含本数）的增值税小规模纳税人，免征增值税。第二条规定，对小型微利企业年应纳税所得额不超过100万元的部分，减按25％计入应纳税所得额，按20％的税率缴纳企业所得税；对年应纳税所得额超过100万元但不超过300万元的部分，减按50％计入应纳税所得额，按20％的税率缴纳企业所得税。

上述小型微利企业是指从事国家非限制和禁止行业，且同时符合年度应纳税所得额不超过300万元、从业人数不超过300人、资产总额不超过5 000万元等三个条件的企业。

《财政部 税务总局关于实施小微企业和个体工商户所得税优惠政策的公告》(财政部 税务总局公告2021年第12号）规定，小型微利企业年应纳税所得额不超过100万元的部分，在财税〔2019〕13号第二条规定的优惠政策基础上，再减半征收企业所得税。

3.8　特殊事项的涉税规划

本节介绍了三种清算事项不得税前扣除，以及核定征收中，企业可以进行的企业所得税规划安排。

3.8.1　清算日期选得好，税费缴纳更合理

【问题场景】

逍遥公司系外商投资企业，2013年8月成立，约定的经营期10年，即2023年7月到期。2023年3月，公司召开股东会，由于专利权的保护期到年初就已经结束，获利能力大降，没有持续经营的必要。股东会决定公司于7月进入清算期。

但是在 6 月底时，财税经理李逍遥预测清算过程会形成大量亏损，便立即联系集团财税顾问许丽娟，咨询企业所得税一事。

【筹划过程】

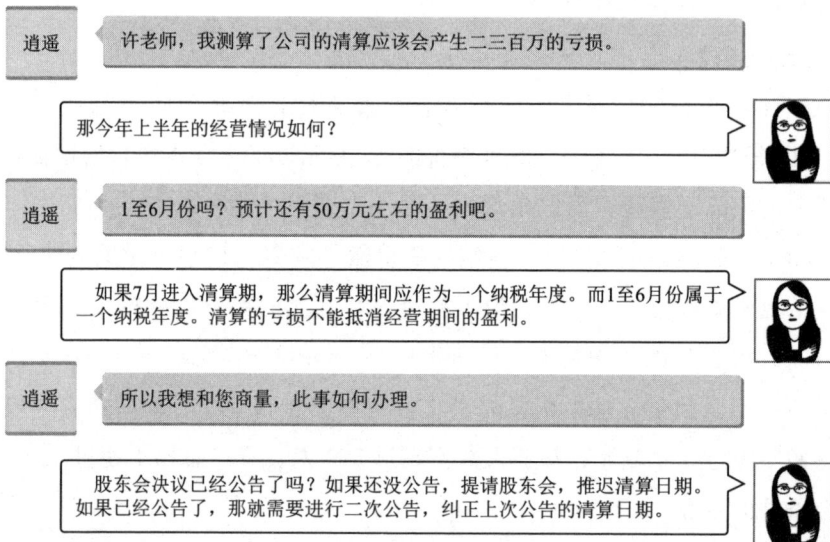

逍遥：许老师，我测算了公司的清算应该会产生二三百万的亏损。

那今年上半年的经营情况如何？

逍遥：1至6月份吗？预计还有50万元左右的盈利吧。

如果7月进入清算期，那么清算期间应作为一个纳税年度。而1至6月份属于一个纳税年度。清算的亏损不能抵消经营期间的盈利。

逍遥：所以我想和您商量，此事如何办理。

股东会决议已经公告了吗？如果还没公告，提请股东会，推迟清算日期。如果已经公告了，那就需要进行二次公告，纠正上次公告的清算日期。

【筹划工具】

明确清算期间所得的可弥补性

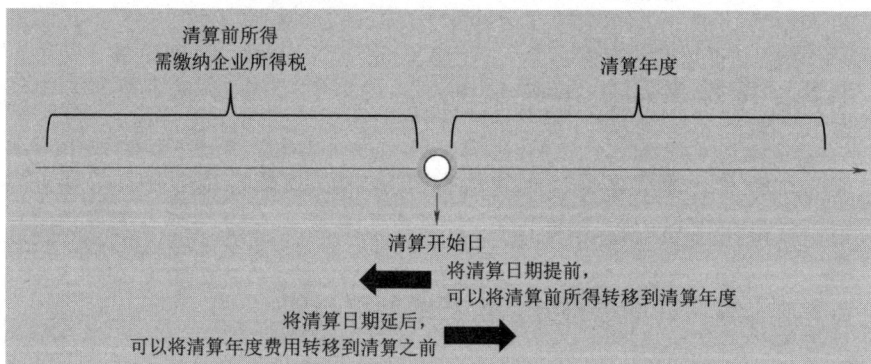

清算前所得
需缴纳企业所得税

清算年度

清算开始日
将清算日期提前，
可以将清算前所得转移到清算年度

将清算日期延后，
可以将清算年度费用转移到清算之前

小贴士：清算期间为独立的纳税期间，可以先用利润弥补企业以前年度的亏损后，再用剩余利润计算企业所得税，但后期形成的亏损不能用之前形成的利润弥补。企业一旦在正常经营期间有盈利，清算期间亏损，就可推迟清算日期让亏损前置。

筹划前，清算日开始于 2023 年 7 月 1 日。2023 年 1 月 1 日～6 月 30 日应纳企业所得税＝50×25％＝12.5（万元）；清算期年度所得亏损二三百万元，不缴纳企业所得税。

筹划后，清算期间的亏损用 2023 年 1 月 1 日至 2023 年 6 月 30 日的盈利弥补，企业不缴纳企业所得税。

【连线法条】

《中华人民共和国企业所得税法》第五十三条规定：企业在一个纳税年度中间开业，或者终止经营活动，使该纳税年度的实际经营期不足十二个月的，应当以其实际经营期为一个纳税年度。企业依法清算时，应当以清算期间作为一个纳税年度。

《国家税务总局关于企业清算所得税有关问题的通知》（国税函〔2009〕684 号）第一条规定：企业清算时，应当以整个清算期间作为一个纳税年度，依法计算清算所得及其应纳所得税。企业应当自清算结束之日起 15 日内，向主管税务机关报送企业清算所得税纳税申报表，结清税款。

3.8.2　不得税前扣除项，用对方法可列支

【问题场景】

天健房地产公司（以下简称天健房地产）的董事长李曜一直喜欢沙漠赛车，想培养一些男生成为国际型赛车手。

这个项目预计花费近 3 000 万元，公司财务总监李林提醒董事长，此项费用与公司经营活动无关，不能在企业所得税前列支。董事长让李林找财税顾问许丽娟咨询。

【筹划过程】

> 天健房地产：许老师，李总支出的这笔费用与公司经营活动无关，不能税前列支。

> 这事您换个角度来看，李总此举也是一种投资行为。如果李总培养的赛车手能取得名次，不但能提高公司品牌知名度，还能促进房产销售呢。

> 天健房地产：但是非说这活动与公司经营相关，太牵强了，活动资金肯定不能税前列支。

活动资金主要用于买车、油费、医疗保障、教练费、比赛费、赞助款等。

天健
房地产

那怎么列支呀？必须合法才行呀。

可以把这项活动理解为一项投资行为。天健房地产公司出资3 000万元成立主营业务与体育活动相关的子公司——A公司。3 000万元可在A公司税前列支，一旦该活动没有形成收入，A公司清算注销，那么出资额就形成天健房地产公司的投资损失。投资损失是可以税前列支的。

【筹划工具】

创立子公司，风险自担

成立新公司，
投资损失
可以税前列支

子公司经营
状况与母公
司经营无关

小贴士：无论子公司的亏损如何形成，母公司处置子公司的投资损失均可以税前列支。

【筹划效果】

筹划前，3 000万元活动费用与公司经营活动无关，不能税前列支。

筹划后，成立体育性质的公司，3 000万元投资损失可以税前列支。

【连线法条】

《财政部 国家税务总局关于企业资产损失税前扣除政策的通知》（财税〔2009〕57号）规定，企业的股权投资符合下列条件之一的，减除可收回金额后确认的无法收回的股权投资，可以作为股权投资损失在计算应纳税所得额时扣除：

（一）被投资方依法宣告破产、关闭、解散、被撤销，或者被依法注销、吊销营业执照的；

（二）被投资方财务状况严重恶化，累计发生巨额亏损，已连续停止经营3年以上，且无重新恢复经营改组计划的；

（三）对被投资方不具有控制权，投资期限届满或者投资期限已超过10年，且被投资单位因连续3年经营亏损导致资不抵债的；

（四）被投资方财务状况严重恶化，累计发生巨额亏损，已完成清算或清算期超过 3 年以上的；

（五）国务院财政、税务主管部门规定的其他条件。

3.8.3　核定征税非首选，建账也可省税金

【问题场景】

2023 年，灰太狼公司是一家刚起步从事软件产品的设计和开发的公司。由于前期初创时期，设计和开发成本较大，一直亏损，企业也未按规定建立账簿。经当地税务局评估后，对灰太狼公司进行核定征收。

一天，公司总经理李聪慧与财税顾问许丽娟在微信上聊起公司未来的发展。

【筹划过程】

> 李总，公司有多少人了？财务上是有专职会计还是代理记账公司？

灰太狼公司
> 公司现在员工有10个研发人员，税务局给核定征税。所以我也没找人记账，能省就省，所有资金都用于研发了。

> 李总，现在收入能达到多少？

灰太狼公司
> 没有研发出产品前，哪里会有收入呀。现在主要使用股东投入的钱。我预计研发期是两年，一旦成果出来了，能卖到两三千万元。

> 那你现在明明是亏损，按核定征收还得缴税，未来销售成果一旦要开发票，就会改为查账征收。亏损还不能弥补，形成的收入要按利润缴税。

灰太狼公司
> 核定征收还要改成查账征收？

> 当然了。公司收入多了，规模扩大了，账证健全，能准确核算收入、成本、费用等时，税务局就不会再核定征收。征收方式要根据企业实际情况确定，并非一成不变。所以现在的亏损不要浪费掉，正常申报吧。

【筹划工具】

──────▶　亏损企业不要申请核定征收　◀──────

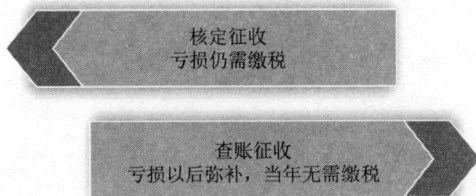

核定征收
亏损仍需缴税

查账征收
亏损以后弥补，当年无需缴税

小贴士：对于未来具备一定盈利能力的企业，不要在亏损的时间段申请核定征收。核定征收意味着亏损也要按盈利缴税，且亏损不被承认。

【**筹划效果**】

筹划前，公司是核定征收，即使亏损，也需要按照核定收入缴纳企业所得税。

筹划后，选择查账征收，亏损年度不需要缴纳企业所得税，形成的亏损还可以弥补以后年度盈利。

经过筹划，随着公司的主业发展和壮大，公司应建立账簿，选择查账征收将利大于弊。

【**连线法条**】

《中华人民共和国企业所得税法》第十八条规定，企业纳税年度发生的亏损，准予向以后年度结转，用以后年度的所得弥补，但结转年限最长不得超过五年。

《国家税务总局关于印发〈企业所得税核定征收办法〉（试行）的通知》（国税发〔2008〕30号）：

第四条规定，税务机关应根据纳税人具体情况，对核定征收企业所得税的纳税人，核定应税所得率或者核定应纳所得税额。

…………

第五条规定，税务机关采用下列方法核定征收企业所得税：

（一）参照当地同类行业或者类似行业中经营规模和收入水平相近的纳税人的税负水平核定；

（二）按照应税收入额或成本费用支出额定率核定；

（三）按照耗用的原材料、燃料、动力等推算或测算核定；

（四）按照其他合理方法核定。

第4章　个人所得税的规划

人员是企业的价值创造者，是生产力三要素中最活跃的因素。与人直接相关的税就是个人所得税。在我国，只要累计住满183天，那么在中国境内境外取得的所得就都要计算缴纳个人所得税。

个人所得税共有九个税目，包括工资薪金所得，劳务报酬所得，稿酬所得，特许权使用费所得，经营所得，利息、股息、红利所得，财产租赁所得，财产转让所得以及偶然所得。其中工资薪金、劳务报酬、稿酬、特许权使用费四项所得又被称为综合所得。

个人所得税虽然以个人为纳税义务人，其是否能合理规划影响了企业员工的个人感受，也被企业所关注。

4.1　综合所得的涉税规划

综合所得包括工资薪金所得、劳务报酬所得、稿酬所得、特许权使用费所得，居民个人取得的综合所得需按纳税年度合并计算个人所得税。

4.1.1　工资发放略微调，税金算法大不同

【问题场景】

2023 年，天建房地产的十几位管理者的月收入都超过了 1 万元，个别人月收入超过 2 万元。总经理李曜要求主管会计李向阳给公司中高管做好个人所得税的规划。李向阳联系到财税顾问杨秀飞，寻求帮助。

【筹划过程】

天建房地产：杨老师，公司管理者年收入都超过12万元，总经理要求进行税收规划，看看这些人个人所得税有可能优化吗？

工资是怎么发放的？年收入包括奖金吗？奖金的比例大吗？

天建房地产：公司是按十三薪发放的，奖金差不多也就是一个月的工资吧。

在2027年12月31日前的政策是，个人取得全年一次性奖金，可以按当年综合所得计算个税，也可以单独计算纳税。

天建房地产：那我选择哪种计税方式更划算呢？

如果年收入为 12 万元～24 万元，适用税率有 3% 和 10%、20%。再看每个人可扣除金额。如果全年一次性奖金单独计税，就有可能降低适用税率，税款就减少了。

天建房地产：我明白了，需要对每个人分别计算一次性发放的奖金金额，具体发放也要征求每个人的意见。如果同意，那发放也要按测算的金额来操作。

【筹划工具】

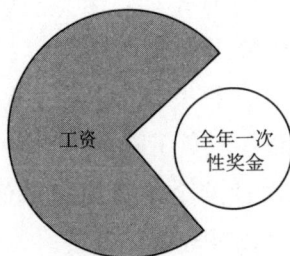

工资奖金分开算，税能少一半

小贴士： 公司可以将员工的工资和奖金放在一起规划，再决定发放的顺序。一般情况下，员工为了降低税负，都会配合公司安排筹划。

【筹划效果】

表 4-1　筹划效果对比表　　　　　金额单位：元

	项　目	1	2	3	4	5	6
筹划前	月工资	20 000	20 000	15 000	15 000	10 000	10 000
	工资合计	240 000	240 000	180 000	180 000	120 000	120 000
	全年一次性奖金	20 000	20 000	15 000	15 000	10 000	10 000
	综合所得	260 000	260 000	195 000	195 000	130 000	130 000
	专项扣除	24 000	12 000	24 000	12 000	24 000	12 000
	社保公积金	10 000	10 000	10 000	10 000	10 000	10 000
	扣除	60 000	60 000	60 000	60 000	60 000	60 000
	应纳税所得额	166 000	178 000	101 000	113 000	36 000	48 000
	税率	20%	20%	10%	10%	3%	10%
	税款	16 280	18 680	7 580	8 780	1 080	2 280
筹划后	全年一次性奖金	35 000	35 000	35 000	35 000	35 000	35 000
	奖金税款	1 050	1 050	1 050	1 050	1 050	1 050
	工资部分应纳税所得额	131 000	143 000	66 000	78 000	1 000	13 000
	税率	10%	10%	10%	10%	3%	3%
	税款	10 580	11 780	4 080	5 280	30	390
	应纳税所得额	166 000	178 000	101 000	113 000	36 000	48 000
	税款合计	11 630	12 830	5 130	6 330	1 080	1 440
	降低税负	4 650	5 850	2 450	2 450	0	840

小贴士：

（1）筹划前后的应纳税所得额相同，但是税款不同。

（2）对于工资部分一直适用 3% 税率的，全年一次性奖金是否单独计税没有影响。

（3）对于工资部分适用 10% 税率的，全年一次性奖金可以套用 3% 税率为标准测算，则可形成整体税负下降。

（4）对于工资部分适用 20% 税率的，全年一次性奖金可以套用 10% 以下税率为标准测算，则可形成整体税负下降。

以此类推，只要全年一次性奖金的适用税率低于工资部分的适用税率，全年一次性奖金单独计税则可以减轻整体税负。

【连线法条】

《财政部 税务总局关于个人所得税法修改后有关优惠政策衔接问题的通知》（财税〔2018〕164 号）的规定，居民个人取得全年一次性奖金，可以不并入当年综合所得，按照文件规定的方法单独计税，也可以选择并入当年综合所得计算纳税。

《关于延续实施全年一次性奖金个人所得税政策的公告》（财政部 税务总局公告 2023 年第 30 号）规定，居民个人取得全年一次性奖金，不并入综合所得，执行期限延长至 2027 年 12 月 31 日。

《中华人民共和国个人所得税法》第二十二条规定，综合所得适用税率，见表 4-2。

表 4-2　综合所得适用税率　　　　　　　　　　金额单位：元

级数	全年应纳税所得额	税率（%）
1	不超过 36 000 元的	3
2	超过 36 000 元至 144 000 元的部分	10
3	超过 144 000 元至 300 000 元的部分	20
4	超过 300 000 元至 420 000 元的部分	25
5	超过 420 000 元至 660 000 元的部分	30
6	超过 660 000 元至 960 000 元的部分	35
7	超过 960 000 元的部分	45

（注 1：本表所称全年应纳税所得额是指依照本法第六条的规定，居民个人取得综合所得以每一纳税年度收入额减除费用六万元及专项扣除、专项附加扣除和依法确定的其他扣除后的余额。注 2：非居民个人取得工资、薪金所得，劳务报酬所得，稿酬所得和特许权使用费所得，依照本表按月换算后计算应纳税额。）

4.1.2　综合所得年底算，全家一起做筹划

【问题场景】

2022 年，孙先生和孙太太两人育有一儿两女，儿子读小学一年级，大女儿满三岁，小女儿不到一岁。2023 年 4 月，国家税务总局的个人所得税 App 显示，孙先生的年综合所得为 16 万元，孙太太的年综合所得为 9 万元。孙先生不敢盲目确认税款，便咨询财务顾问杨秀飞有关年底汇算个人所得税的事情。

【筹划过程】

孙先生：杨老师，您帮我看看今年的个人所得税，是不是直接按去年的扣除数确认，还需要注意哪些事项？

根据截图，您子女相关的扣除数填得不对。您大女儿已经满三岁，符合子女教育专项附加扣除条件，加上您儿子接受教育的扣除标准，一年可扣除 24 000 元。

孙先生：根据每年的情况变化，要对扣除项认真核实一遍。

那当然。还有一个好消息，自 2022 年 1 月 1 日起，您可以享受照护 3 岁以下婴幼儿子女的扣除，每月 1 000 元定额扣除。也就是说 2022 年汇算清缴时，在子女教育及照护方面，您一年可以扣除 36 000 元了。

孙先生：国家的政策越来越好了，给我减轻很多负担啊。

再提醒您一句，明年申报 2023 年汇算清缴时，您三个孩子可扣 72 000 元，最好都由您来扣除。这样您和您夫人适用的税率才是 3%。

【筹划工具】

──────▶ 综合所得税前扣除项要全家一起筹划 ◀──────

个人所得税专项附加扣除项如下：

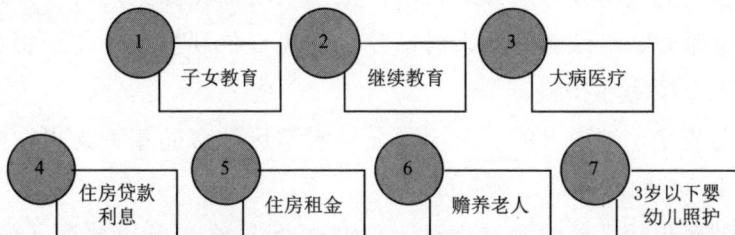

① 子女教育　② 继续教育　③ 大病医疗

④ 住房贷款利息　⑤ 住房租金　⑥ 赡养老人　⑦ 3 岁以下婴幼儿照护

小贴士：

（1）每年计算个人所得税的综合所得时，都要重新核对纳税人的情况是否发生变化。有些会影响到扣除项目的变化，汇算清缴时要注意这些变化项。

（2）有些扣除项可以在家庭成员中进行选择，那就尽量选择税率高的家庭成员优先扣除，这样来降低整个家庭的税收成本。

【筹划效果】

因此策调整，2023 年与 2022 年扣除标准不同，缴纳个人所得税也不同。经过筹划，2022 年度，由孙先生申报两个孩子的教育专项附加扣除。

2022 年度，孙先生个人所得税＝（160 000－60 000－2 4000）×10％－2 520＝5 080（元）。

孙太太应纳个人所得税＝（90 000－60 000）×3％＝900（元）。

两人共缴纳个税＝5 080＋900＝5 980（元）。

2023 年度，由孙先生申报两个孩子的教育专项附加扣除，加上 1 个 3 岁以下婴幼儿照护专项附加扣除。

2023 年度，孙先生个人所得税＝（160 000－60 000－72 000）×3％＝840（元）。

孙太太应纳个人所得税＝（90 000－60 000）×3％＝900（元）。

两人共缴纳个税＝840＋900＝1 740（元）。

【连线法条】

《国务院关于提高个人所得税有关专项附加扣除标准的通知》（国发〔2023〕13 号）规定，3 岁以下婴幼儿照护专项附加扣除标准，由每个婴幼儿每月 1 000 元提高到 2 000 元；子女教育专项附加扣除标准，由每个子女每月 1 000 元提高到 2 000 元。

《国务院关于印发个人所得税专项附加扣除暂行办法的通知》（国发〔2018〕41 号）：

第二条规定，本办法所称个人所得税专项附加扣除，是指个人所得税法规定的子女教育、继续教育、大病医疗、住房贷款利息或者住房租金、赡养老人等 6 项专项附加扣除。

第五条规定，纳税人的子女接受全日制学历教育的相关支出，按照每个子女每月 1 000 元的标准定额扣除。

学历教育包括义务教育（小学、初中教育）、高中阶段教育（普通高中、中等职业、技工教育）、高等教育（大学专科、大学本科、硕士研究生、博士研究生教育）。

年满 3 岁至小学入学前处于学前教育阶段的子女，按本条第一款规定执行。

第六条规定，父母可以选择由其中一方按扣除标准的 100% 扣除，也可以选择由双方分别按扣除标准的 50% 扣除，具体扣除方式在一个纳税年度内不能变更。

第七条规定，纳税人子女在中国境外接受教育的，纳税人应当留存境外学校录取通知书、留学签证等相关教育的证明资料备查。

第八条规定，纳税人在中国境内接受学历（学位）继续教育的支出，在学历（学位）教育期间按照每月 400 元定额扣除。同一学历（学位）继续教育的扣除期限不能超过 48 个月。纳税人接受技能人员职业资格继续教育、专业技术人员职业资格继续教育的支出，在取得相关证书的当年，按照 3 600 元定额扣除。

第九条规定，个人接受本科及以下学历（学位）继续教育，符合本办法规定扣除条件的，可以选择由其父母扣除，也可以选择由本人扣除。

第十条规定，纳税人接受技能人员职业资格继续教育、专业技术人员职业资格继续教育的，应当留存相关证书等资料备查。

4.1.3 境外所得如何免，依照税法可少缴

【问题场景】

彼特是英国人，2022 年来华任职，月工资 30 000 元。彼特的妻子和孩子留在了英国，孩子在英国接受教育。对于取得中国的收入如何缴纳个人所得税，彼特非常重视，便联系到公司推荐的税务顾问杨秀飞，向她咨询。

【筹划过程】

> Peter：杨老师，我从2月份来到中国，每个月3万元的工资，怎样缴税？

> 只要2022年您在中国境内居住满183天，也就是到了8月，就为中国境内居民个人。您来源于中国境内和境外的收入都要缴税，单位会代扣代缴的。

> Peter：我来源于英国的收入也要在中国缴税？

您在中国境内居住累计满183天的年度不满6年的，您向主管税务机关备案并获得批准后，您来源于中国境外且由中国境外单位或者个人支付的所得才可以免缴个人所得税。

Peter 我每年都有1个多月的探亲假，回英国一次可以待满40天。

噢，那正好符合税收政策的规定，你只要每年都享受探亲假，时间超过30天，那基本就不需要合并纳税了。

Peter 好的，谢谢您。

【筹划工具】

国外住满 30 天，中断五年连续期

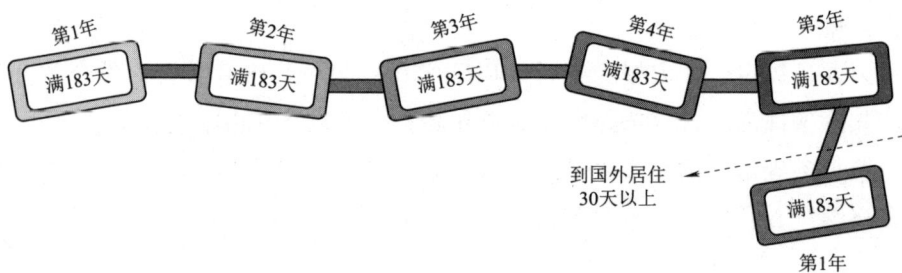

第1年 满183天　第2年 满183天　第3年 满183天　第4年 满183天　第5年 满183天

到国外居住30天以上

满183天 第1年

小贴士：在中国境内居住累计满 183 天的任一年度中有一次离境超过 30 天的，其在中国境内居住累计满 183 天的年度连续年限重新起算。

【筹划效果】

经过筹划，Peter 可以充分利用 6 年内离境超过 30 天，中断连续计算居住时间的做法，使得境外的收入免于缴纳中国的个人所得税。同时，就来源于中国境内的收入缴纳个税时，与中国的居民个人可享受的扣除项目是一样的。

【连线法条】

《中华人民共和国个人所得税法》规定，在中国境内无住所又不居住，或者无住所而一个纳税年度内在中国境内居住累计不满一百八十三天的个人，为非居民个人。非居民个人从中国境内取得的所得，依照本法规定缴纳个人所得税。

《中华人民共和国个人所得税法实施条例》第四条规定，在中国境内无住所的个人，在中国境内居住累计满 183 天的年度连续不满 6 年的，经向主管税务机关备案，其来源于中国境外且由境外单位或者个人支付的所得，免予缴纳个人所得税；在中国境内居住累计满 183 天的任一年度中有一次离境超过 30 天的，其在中国境内居住累计满 183 天的年度的连续年限重新起算。

4.2 经营所得的涉税规划

如果个人发生的经营活动，那么就经营所得需要单独计算个人所得税。本节主要介绍个人的经营所得涉及的税收规划。

4.2.1 经营所得要算税，工资也算抵扣项

【问题场景】

2021 年，李先生与妻子开了一家信息技术研究所，注册性质为个体工商户，专门配套做一些专项的研发设计。连同李先生和妻子，共有职工 5 人。随着项目收入越来越高，李先生担心年底的个人所得税缴纳情况，便咨询财税专家杨秀飞。

【筹划过程】

> 李先生：杨老师，最近接了不少项目，收入越来越好了。我是继续用个体工商户，还是成立公司呢？

> 李先生，您这个研究所经营风险有多大？因为个体工商户是无限连带责任，与有限公司的股东承担有限责任不同。

> 李先生：不存在经营风险。研究所里只有我和妻子，以及我的三个学生。

> 个体工商户不用缴纳企业所得税。仅从整体税负上考虑，个体工商户更有税收优势。那现在的 5 个人都领工资吗？

> 李先生：只有 3 个员工领工资。我老婆和我是一家人，拿什么工资呀，研究所的利润不都是我俩的吗？

> 您可以给您妻子发工资，这样符合公司管理要求，而且合理的工资薪金支出准予扣除，可以合理合法少缴税。

【筹划工具】

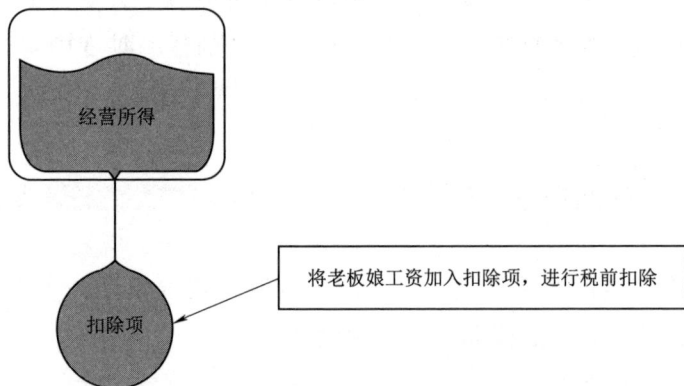

工资薪金可进行税前扣除

小贴士：工资薪金可以税前扣除，抵减个体工商户的应纳税所得额。此筹划工具主要适用于个体工商户。

【筹划效果】

假设研究所年扣除各项费用后的应纳税所得额为 100 万元。

筹划前，研究所只给 3 位员工发工资，不给李太太发工资。研究所应纳个人所得税＝1 000 000×35％－65 500＝284 500（元）。

筹划后，研究所每年给李太太发放工资 20 万元，工资可计入费用扣除。研究所应纳个人所得税＝（1 000 000－200 000）×35％－65 500＝214 500（元），李太太的工资应缴纳个人所得税＝（200 000－60 000）×10％－2 520＝11 480（元），整体应纳个人所得税＝214 500＋11 480＝225 980（元）。

注：2023 年度个体工商户经营所得年应纳税所得额不超过 100 万元的部分有减半优惠政策。

【连线法条】

《个体工商户个人所得税计税办法》（国家税务总局令第 35 号）第七条规定，个体工商户的生产、经营所得，以每一纳税年度的收入总额，减除成本、费用、税金、损失、其他支出及允许弥补的以前年度亏损后的余额，为应纳税所得额。………第二十一条，个体工商户实际支付给从业人员的、合理的工资薪金支出，准予扣除。个体工商户业主的费用扣除标准，依照相关法律、法规和政策规定执行。个体工商户业主的工资薪金支出不得税前扣除。

4.2.2 组织形式不一样，收入同样税不同

【问题场景】

听说晶喜公司拟增资扩股 500 万元，大股东刘星星的两个同学李尔和王明也想参与投资。但李尔和王明并不想参与经营，所有表决权由刘星星负责。刘星星也承诺如果公司出现股价跌破购买价，自己按原价给两人补偿。

三人同意成立一个持股平台公司来解决权力托管的问题。而对于税收，三人都不太明白，于是刘星星找到财税顾问杨秀飞帮着出主意。

【筹划过程】

> 晶喜公司：杨老师，具体情况您也了解了。单纯从税收上考虑，成立持股平台是选择有限公司好，还是合伙企业好？

> 晶喜公司分红给有限公司，有限公司免税。有限公司再分配给股东个人，股东个人需就分红所得按 20% 的税率缴纳个人所得税；晶喜公司分红给合伙企业，合伙企业再分配给个人，个人也应就其所得按 20% 的税率缴纳个人所得税。

> 晶喜公司：这么说两种方式都一样。那对比股权转让收益的税负呢？

> 但是如果持股平台要股权转让，那有限公司获得股权溢价要缴纳25%的企业所得税，然后将收益分给股东个人，再按20%的税率缴纳个人所得税。若为合伙企业，合伙个人需要按 5%~35% 的税率缴纳个人所得税。

> 晶喜公司：那综合下来，还是合伙企业有优势。

【筹划工具】

———————— **合理利用合伙企业与有限公司的差异税率** ————————

合伙企业与有限责任公司同一情形下的税负比较见表 4-3。

表 4-3　合伙企业与有限责任公司的税负比较

收益情形	持股人	收到分红		股权转让	
		留在平台使用	通过平台分配至自然人	留在平台使用	通过平台分配至自然人
被投资企业为非上市公司	持股平台为合伙企业	20%个人所得税		3%~35%个人所得税	
	持股平台为有限公司	免税	20%个人所得税	缴纳企业所得税	20%个人所得税

收益情形	持股人	收到分红		股权转让	
		留在平台使用	通过平台分配至自然人	留在平台使用	通过平台分配至自然人
被投资企业为上市公司	持股平台为合伙企业	20%个税		缴纳增值税及附加税费3%～35%个人所得税	
	持股平台为有限公司	免税	20%个人所得税	缴纳增值税及附加税费企业所得税	20%个人所得税

小贴士：选择有限公司还是合伙企业作为持股平台，不仅要考虑税负情况，还要考虑法律权利和义务的差异。

【筹划效果】

持股平台选择有限责任公司时，转让股权时股权转让溢价要按25%的税率缴纳企业所得税，然后将其分给股东时，股东就所得再按20%的税率缴纳个人所得税；持股平台选择合伙企业时，股权转让收益只按20%的税率缴纳个人所得税。

经过筹划，成立合伙企业在发生股权转让时更有利。

【连线法条】

《中华人民共和国企业所得税法》第三条，居民企业应当就其来源于中国境内、境外的所得缴纳企业所得税。

第六条，企业以货币形式和非货币形式从各种来源取得的收入，为收入总额。包括：

……

（三）转让财产收入；

……

第四条，企业所得税的税率为25%。

…………

第二十六条，企业的下列收入为免税收入：

……

（二）符合条件的居民企业之间的股息、红利等权益性投资收益；

（三）在中国境内设立机构、场所的非居民企业从居民企业取得与该机构、场所有实际联系的股息、红利等权益性投资收益；

……

《企业所得税法实施条例》第十六条规定，企业所得税法第六条第（三）项所称转让财产收入，是指企业转让固定资产、生物资产、无形资产、股权、债权等财产取得的收入。

《财政部 国家税务总局关于合伙企业合伙人所得税问题的通知》（财税〔2008〕159号）第二条规定，合伙企业以每一个合伙人为纳税义务人。合伙企业合伙人是自然人的，缴纳个人所得税。

《财政部 国家税务总局关于印发〈关于个人独资企业和合伙企业投资者征收个人所得税的规定〉的通知》（财税〔2000〕91号）附件1第四条规定，个人独资企业和合伙企业（以下简称企业）每一纳税年度的收入总额减除成本、费用，以及损失后的余额，作为投资者个人的生产经营所得，比照个人所得税法的"个体工商户的生产经营所得"应税项目，适用5％～35％的五级超额累进税率，计算征收个人所得税。

前款所称收入总额，是指企业从事生产经营以及与生产经营有关的活动所取得的各项收入，包括商品（产品）销售收入、营运收入、劳务服务收入、工程价款收入、财产出租或转让收入、利息收入、其他业务收入和营业外收入。

《中华人民共和国个人所得税法》第三条规定，个人所得税的税率：……（二）经营所得，适用百分之五至百分之三十五的超额累进税率。

《国家税务总局关于〈关于个人独资企业和合伙企业投资者征收个人所得税的规定〉执行口径的通知》（国税函〔2001〕84号）规定，关于个人独资企业和合伙企业对外投资分回利息、股息、红利的征税问题。个人独资企业和合伙企业对外投资分回的利息或者股息、红利，不并入企业的收入，而应单独作为投资者个人取得的利息、股息、红利所得，按"利息、股息、红利所得"应税项目计算缴纳个人所得税。以合伙企业名义对外投资分回利息或者股息、红利的，应按《通知》所附规定的第五条确定各个投资者的利息、股息、红利所得，分别按"利息、股息、红利所得"应税项目计算缴纳个人所得税。

4.2.3　所得不同率有异，相关成本须考虑

【问题场景】

张教授是一位畅销书作家。2021年，张教授写了一系列物理学科普文章，累计获得稿费20万元。稿费对应的个人所得税都由出版社代扣代缴了。

2022年初，张教授发现一年下来缴纳的个人所得税真不少，便咨询财税顾问杨秀飞。

【筹划过程】

张教授：杨老师，我目前主要收入来源于稿费，也有一部分讲课等劳务收入，一年下来，缴纳的个人所得税真不少。

说明您的能力强，赚得多，个人所得税才会缴得多呀！您这一年的工作量也不小，都是您自己完成的？

张教授：我太太为了支持我，辞职在家，经常帮我查一些资料，并打印书稿。基本上是我的全职助手了，要不我自己也忙不过来。

既然您妻子也参与了写作，可以考虑书上署您和张太太两个人的名字，可以减少一部分税款。您太太可以抵扣一部分税款呀！

张教授：这个方法挺好，但是写她的名字不太好，她毕竟只是个助手。

那您成立一个工作室吧，合同约定收入归工作室。而您太太作为工作室的员工，应发工资，可在税前扣除。同时，工作室按经营所得缴税，最高税率35%。

【筹划工具】

设立工作室可以税前列支的项目多

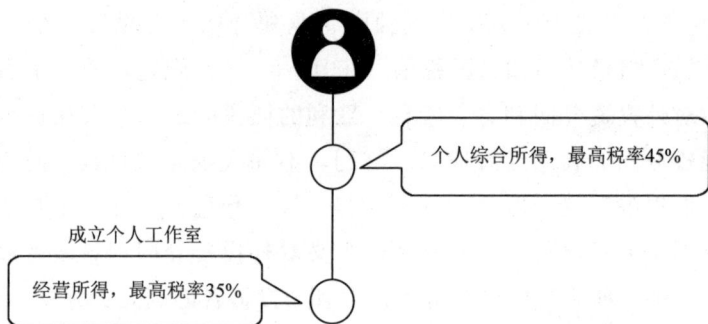

个人综合所得，最高税率45%

成立个人工作室

经营所得，最高税率35%

小贴士：成立工作室，参与辅助工作的人员工资、运营工作室的各项成本费用等都可以从工作室的经营所得之中扣除，比综合所得扣除的项目多。

【筹划效果】

筹划前，综合所得扣除项目较少，且税率为3％～45％。

筹划后，张太太的工资、运营工作室的各项成本费用等都可以从工作室的经营所得之中扣除，且工作室的税率为5％～35％。

【连线法条】

《中华人民共和国个人所得税法》第二条规定，下列各项个人所得，应当缴纳个人所得税：（一）工资、薪金所得；（二）劳务报酬所得；（三）稿酬所得；（四）特许权使用费所得；……居民个人取得前款第一项至第四项所得（以下称综合所得），按纳税年度合并计算个人所得税。第三条规定，个人所得税的税率：（一）综合所得，适用百分之三至百分之四十五的超额累进税率；（二）经营所得，适用百分之五至百分之三十五的超额累进税率。

《个体工商户个人所得税计税办法》（国家税务总局令第 35 号）第七条规定，个体工商户的生产、经营所得，以每一纳税年度的收入总额，减除成本、费用、税金、损失、其他支出以及允许弥补的以前年度亏损后的余额，为应纳税所得额。…………第二十一条规定，个体工商户实际支付给从业人员的、合理的工资薪金支出，准予扣除。个体工商户业主费用扣除标准，依照相关法律、法规和政策规定执行。个体工商户业主的工资薪金支出不得税前扣除。

4.3 其他所得的涉税规划

其他所得涉税包括不动产转让、分红等。

4.3.1 持有时间有规定，不动产转让享优惠

【问题场景】

张灿 2017 年 1 月在 A 市购买了一套住宅。2021 年初，张先生举家搬迁到 B 市，暂时租住在当地。后来，张灿确定未来长期定居在 B 市，打算出售 A 市的房子，用筹集资金在 B 市买房。张先生找到还在 A 市的财税顾问杨秀飞，看看身边有没有合适的人有买房需求。

【筹划过程】

> 您好，我会留意身边有没有要买房子的人。您也可以考虑让房产中介帮忙卖房，应该会卖得更快。

张灿
> 对呀，这是个好办法，卖得越快越好。我也着急在这边买房。

> 您这套房子是哪年买的？您名下就这么一套房子吗？

张灿
> 我是2017年1月买的，我们就这么一套房子。

那到今天正好4年10个月了。个人转让自用5年以上，又是家庭唯一住房取得的所得免征个人所得税。

张灿　多谢你提醒我。另外，我记得2017年买房时，手续是3月办的，有没有影响呢？

当然有影响，我记得起算时点，应该是取得房产证或缴纳契税的那天。你一定要看清楚你手里的证件或者契税完税证明上的具体时间，算准日期。

【筹划工具】

充分利用五年免税政策

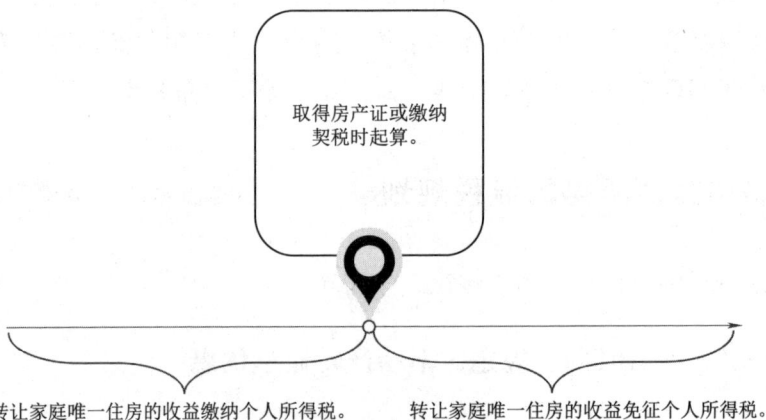

取得房产证或缴纳契税时起算。

转让家庭唯一住房的收益缴纳个人所得税。　　　转让家庭唯一住房的收益免征个人所得税。

小贴士： 该政策适合所有转让家庭唯一住房的人，房子也可以是别墅。

【筹划效果】

假设除去相关交易费用，转让房屋收益为90万元。

筹划前，马上出售，因购买居住未满五年，应纳个人所得税额＝90×20％＝18（万元）。

筹划后，满5年再办理转让手续，可免缴买卖房屋收益的个人所得税。

经过筹划，降低企业税负18万元。

【连线法条】

《中华人民共和国个人所得税法》第二条规定，下列各项个人所得，应当缴纳个人所得税：

……

（八）财产转让所得……

《财政部 国家税务总局 建设部关于个人出售住房所得征收个人所得税有关问题的通知》（财税字〔1999〕278号）第四条规定，对个人转让自用5年以上、并且是家庭唯一生活用房取得的所得，继续免征个人所得税。

4.3.2 分红增资顺序变，节约资金更省税

【问题场景】

李尚拟收购一家经营 5 年以上的营利性公司，参与一个招标项目。周正持股的建阅贸易公司正符合这个要求。双方协商以 100 万元的价格成交。谈判结束后，李尚发现建阅贸易公司的注册资本是 30 万元，而招标条件中明确规定，公司实缴到位的资本不低于 80 万元。

李尚算了一下资金，如果买了股权，再增加注册资本就需要 150 万元，而现在筹集到 100 万元已经是相当困难的了，便联系到财税顾问杨秀飞，寻求解决方法。

【筹划过程】

> 李总，建阅贸易公司的财务报表中显示：公司有70万元的未分配利润可以直接转增注册资本，这样可以节省资金。

李尚
> 噢，那太好了。也就是说我收购该公司以后，我可以拿出50万元的未分配利润转增资本，不用再拿现金增资。

> 这么办理是要缴税的！你最好和周总商量一下，先让他转增资本，再买他的股权。

李尚
> 我没看明白。这缴税多少有什么关系？

> 价值30万元的股权以100万元的价格转让，溢价70万元，周正需要缴纳个人所得税14万元。然后用50万元未分配利润转增资本，视同分红，你需要缴纳个人所得税10万元。如果顺序反过来，用50万元未分配利润转增资本，周正需缴纳个人所得税10万元，此时拟转让的股权的价值变成80万元，股权转让价格100万元，溢价只有20万元，这时周正只需要缴纳个人所得税4万元。

【筹划工具】

━━━━━━ 修改顺序达到降低税负的要求 ●━━━━━━

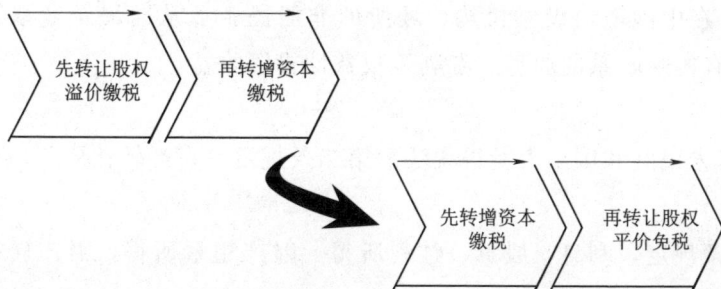

113

小贴士:

(1) 虽然个人转让公司股权的溢价与获得的公司分红都是按 20% 的税率缴纳个人所得税,但是分别属于两个不同的税目。

(2) 转让股权的价格,是对公司所有者权益的估值,其中自然就包含了未分配利润的价值。只有将未分配利润全部分配后,转让股权的价格扣除投资成本后的余额才是真正的溢价。

(3) 计算股权转让所得的个人所得税时,是不会扣除其中包含的未分配利润的。这就会造成税负加重,因为如果转让股权后再分红,还要按股息所得再征收个人所得税。

(4) 如果股东是法人公司,收到分红是免征企业所得税的,不需要考虑分红与转增资本的顺位。

【筹划效果】

筹划前,先进行股权转让,后用未分配利润转增资本。股权转让时,周正需要缴纳的个人所得税 =(100 - 30)× 20% = 14(万元);用未分配利润转增资本,李尚需缴纳的个人所得税 = 50 × 20% = 10(万元)。

筹划后,先用未分配利润转增资本,后进行股权转让。用未分配利润转增资本时,周正需要缴纳的个人所得税 = 50 × 20% = 10(万元);股权转让时,周正需要缴纳的个人所得税 =(100 - 80)× 20% = 4(万元)。

经过筹划,周正需缴纳的个人所得税没有发生变化,李尚无须缴纳个人所得税,可以降低税负 10 万元。

【连线法条】

《中华人民共和国企业所得税法》第二十六条规定,企业的下列收入为免税收入:

…………

(二)符合条件的居民企业之间的股息、红利等权益性投资收益;

(三)在中国境内设立机构、场所的非居民企业从居民企业取得与该机构、场所有实际联系的股息、红利等权益性投资收益;

……

《中华人民共和国个人所得税法》第二条规定,财产转让所得应纳个人所得税。

第三条规定,利息、股息、红利所得,财产租赁所得,财产转让所得和偶然所得，适用比例税率，税率为百分之二十。

《中华人民共和国个人所得税法实施条例》第八条规定，股权转让所得属于财产转让所得项目。

《关于有限责任公司用税后利润和资本公积金转增注册资本征收个人所得税问题的批复》（粤地税函〔2005〕345 号）规定，有限责任公司用税后利润转增注册资本，实际上是该公司将税后利润向股东分配了股息、红利，股东再以分得的股息、红利增加注册资本。因此，对属于个人股东分得并再投入公司（转增注册资本）的部分应按照"利息、股息、红利所得"项目征收个人所得税。

4.3.3　分红必须缴个税，合理合法全免掉

【问题场景】

李进和刘超合伙投资成立了畅意建筑公司，承接各类施工项目，分别占股 60% 和 40%。三年后，畅意建筑公司利润丰厚，李进和刘超商量拿出 1 000 万元分红。然而，公司会计告知李进和刘超，两人需要缴纳 200 万元的个人所得税。李进看到要交这么多税很是吃惊，马上联系财税顾问杨秀飞。

【筹划过程】

李进：杨老师，公司成立这么长时间，第一次分红，会计说还要缴200万元的个人所得税，真的吗？

李总，会计算得没错，股东个人从公司分红要缴20%的个人所得税。您准备将分红都用于家庭开支吗？

李进：家庭开支没有那么多。我还没想好怎么用。

不用于家庭开支的钱，不放到个人名下也行啊。没想好怎么花的分红可以放在你的持股公司里，这样可以增加公司现金流。

李进：我持股的公司，我自己一个人持股就可以吗？

您自己持股的公司就是一人有限公司，一人有限公司的财产很容易与个人财产混同。夫妻或与子女共同持股的公司，可以称为家庭持股平台公司。公司收到的分红免征企业所得税，个人收到的分红按20%的税率缴纳个人所得税。

【筹划工具】

————————● 个人建立持股平台可享受分红免税 ●————————

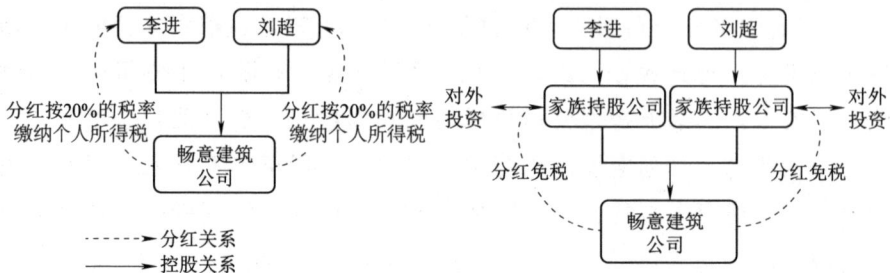

小贴士：个人通过持股公司持有经营性公司的股权。经营性公司分红给持股公司不必缴纳个人所得税和企业所得税。

【筹划效果】

筹划前，畅意建筑公司由自然人李进和刘超持股，在这种持股方式下，自然人股东获得分红需要缴纳个人所得税。

筹划后，李进和刘超分别设置家庭持股平台，采用以公司持股代替自然人持股的方式，持股公司收到的公司分红可以免征企业所得税，可直接用于对外投资，避免了获取分红时需要缴纳个人所得税。

【连线法条】

《中华人民共和国个人所得税法》第二条规定，财产转让所得应纳个人所得税。第三条规定，利息、股息、红利所得，财产租赁所得，财产转让所得和偶然所得，适用比例税率，税率为百分之二十。

《中华人民共和国企业所得税法》第二十六条规定，企业的下列收入为免税收入：

（一）国债利息收入；

（二）符合条件的居民企业之间的股息、红利等权益性投资收益；

（三）在中国境内设立机构、场所的非居民企业从居民企业取得与该机构、场所有实际联系的股息、红利等权益性投资收益；

（四）符合条件的非营利组织的收入。

第5章 房产与土地相关税种的规划

一直以来，房地产转让涉及的税种之多，除增值税、城市维护建设税、企业所得税、个人所得税等税种之外，还会涉及房产税、城镇土地使用税、契税、耕地占用税、土地增值税。

本章将重点介绍，与房地产转让、投资等相关业务有可能涉及的税收规划。

5.1 房产税的涉税规划

本节主要介绍不动产自用、出租期间，房产税如何进行税收规划。

5.1.1 房产自用和出租，税款算法大不同

【问题场景】

荷花香食品的张会计告诉总经理张富贵，将仓库出租改为提供仓储服务。张总便提醒张会计，将仓库出租改为提供仓储服务房产税如何缴纳。张会计立刻联系财税顾问邵逢源。

【筹划过程】

> 荷花香食品：邵老师，仓库出租和仓储服务缴纳房产税的算法，是不是不一样呀？

> 当然不一样。如果将房屋对外出租收取租金，房产税是租金的12%。如果改为仓储服务，则相当于房产自用，应按房产余值计算缴纳 1.2%的房产税，税率为 1.2%。

> 荷花香食品：出租缴纳税款的算法我知道，我们现在就是按这种算法计缴房产税的，一年差不多要缴30多万元。

> 按照房产余值计算的房产税，再除以12%的税率就可以算出租金的临界点。租金高于临界点的数额，按租金计算就会多缴房产税。反之，按自用则会缴纳更高的房产税。

> 荷花香食品：明白了，还是公司张总想得周到，提醒我不要只考虑增值税，也要考虑房产税等税种。

> 租金临界点算出来了，还要关注市场的正常租金价格，不能为节省税金，而故意压低租金价格，这不符合租赁市场的正常价格。

房产根据税款额度确定出租还是自用

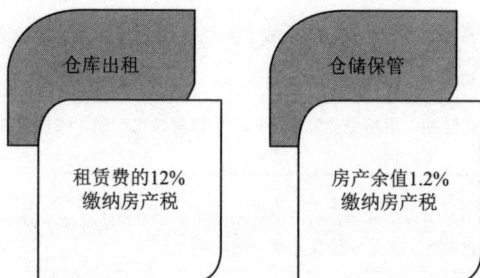

仓库出租

仓储保管

租赁费的12%
缴纳房产税

房产余值1.2%
缴纳房产税

小贴士：将持有房产的公司与经营性公司分立，也可以实现自用变出租。

【筹划效果】

假设：房产原值4 000万元，租金300万元，房产原值扣除比例为30%。

筹划前，签订租赁合同，公司房屋对外出租，收取租赁费。

荷花香食品需纳房产税＝300×12%＝36（万元）。

筹划后，签订仓储合同，相当于自用房产，需要按房产原值扣除30%后的余额缴纳房产税，税率为1.2%。

荷花香食品公司需缴纳房产税＝4 000×（1－30%）×1.2%＝33.6（万元）。

经过将租赁服务变更为仓储服务的筹划后，可少缴2.4万元的房产税。

【连线法条】

《中华人民共和国房产税暂行条例》第三条规定，房产税依照房产原值一次减除10%至30%后的余值计算缴纳。具体减除幅度，由省、自治区、直辖市人民政府规定。没有房产原值作为依据的，由房产所在地税务机关参考同类房产核定。房产出租的，以房产租金收入为房产税的计税依据。第四条规定，房产税的税率，依照房产余值计算缴纳的，税率为1.2%；依照房产租金收入计算缴纳的，税率为12%。

5.1.2　房产持有人不同，纳税金额也有异

【问题场景】

晶益集团的主要产品为服装，其拥有数栋厂房和办公大楼，90%的客户都在欧洲。2023年，晶益集团境外的订单量大幅度减少，一大半的厂房处于停止使用的状态，给晶益集团造成了巨大的资金压力，于是董事长赵宁联系

到财税顾问邵逢源。

【筹划过程】

晶益集团：被同行羡慕的自有厂房，现在成了集团的负担。当下开工时间还不确定，可以对房产税进行筹划吗？

赵总，在特殊时期，困难企业停工，可以申请免缴房产税。集团是否符合条件？

晶益集团：李会计已经查过，暂时性停工不符合申请条件。但是听说小规模纳税人近期有优惠政策，但是集团又不是小规模纳税人。

国家对小规模纳税人及小微企业，确实会出台很多优惠扶持政策，而且每年都有变化，集团可以想办法也享受这个福利。

晶益集团：集团是一般纳税人呀，如何成为小规模纳税人呢？

晶益集团无法成为小规模纳税人。但是把房产分立出来，成立身份为小规模纳税人的新公司不就可以了吗？

晶益集团：新公司再把房产土地出租给晶益集团，不但晶益集团可扣除租金成本，而且新公司也不会成为一般纳税人，还可让应缴房产税也减少。

说得对。分立的过程也不需要缴纳任何税费。这也是国家鼓励企业重组的政策之一。

【筹划工具】

●━━ 分立重组解决资产所有权属变更 ━━●

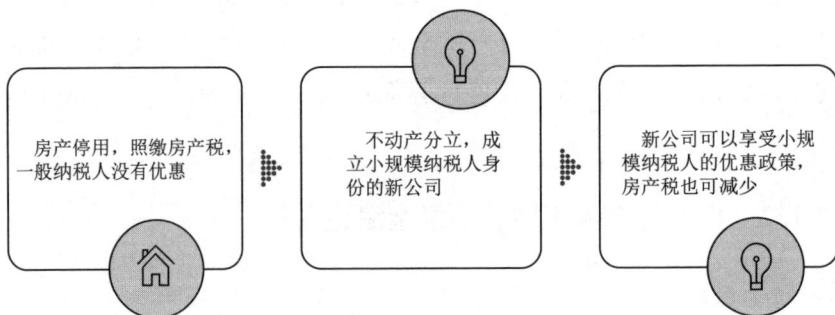

房产停用，照缴房产税，一般纳税人没有优惠 ▶ 不动产分立，成立小规模纳税人身份的新公司 ▶ 新公司可以享受小规模纳税人的优惠政策，房产税也可减少

小贴士：

（1）将企业的房产分立至身份为小规模纳税人的新公司。新公司可以享

受小微企业的优惠政策，可有效减轻税负。

（2）房产与经营公司分离还可以防范经营风险导致的房产被拍卖用于债务偿还的风险。

【筹划效果】

假设原值为 1 000 万元，每年的折旧额为 25 万元，以折旧额确定租金。

筹划前，晶益集团缴纳房产税＝1 000×（1－30％）×1.2％＝8.4（万元）

筹划后，将房产分立出来，成立小规模纳税人身份的新公司，新公司再把房产土地出租给晶益集团，新公司缴纳房产税＝25×12‰×50％＝1.5（万元）

经过筹划，总体降低税负 6.9（8.4－1.5）万元。

【连线法条】

《财政部 税务总局关于进一步实施小微企业"六税两费"减免政策的公告》（财政部 税务总局公告 2022 年第 10 号）规定：

一、由省、自治区、直辖市人民政府根据本地区实际情况，以及宏观调控需要确定，对增值税小规模纳税人、小型微利企业和个体工商户可以在 50％的税额幅度内减征资源税、城市维护建设税、房产税、城镇土地使用税、印花税（不含证券交易印花税）、耕地占用税和教育费附加、地方教育附加。

············

四、本公告执行期限为 2022 年 1 月 1 日至 2024 年 12 月 31 日。

5.1.3 出租房产装修期，如何规划税最低

【问题场景】

晶益集团拟将办公楼附楼对外出租，该附楼的房产原值为 1 000 万元。为了吸引租户，晶益集团决定对租户的装修期实施两个月的"免租期"政策。

金力人力资源公司愿以 24 万元每月的价格租赁 3 年。从 2024 年 1 月起租，每年年初一次性支付一年的租金。财务经理于波草拟了一份合同发给财税顾问邵逢源，让他帮着审查合同并提供建议。

【筹划过程】

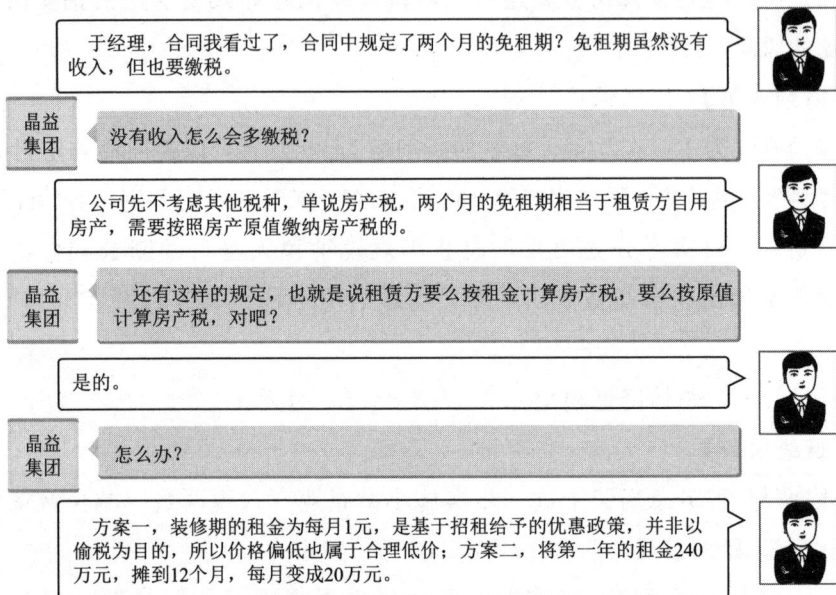

于经理，合同我看过了，合同中规定了两个月的免租期？免租期虽然没有收入，但也要缴税。

晶益集团：没有收入怎么会多缴税？

公司先不考虑其他税种，单说房产税，两个月的免租期相当于租赁方自用房产，需要按照房产原值缴纳房产税的。

晶益集团：还有这样的规定，也就是说租赁方要么按租金计算房产税，要么按原值计算房产税，对吧？

是的。

晶益集团：怎么办？

方案一，装修期的租金为每月1元，是基于招租给予的优惠政策，并非以偷税为目的，所以价格偏低也属于合理低价；方案二，将第一年的租金240万元，摊到12个月，每月变成20万元。

【筹划工具】

避免使用免租字眼签订合同

小贴士：两种方法各有优势，租赁方需要考虑对方一旦违约，那么第一年违约金的计算标准不同，方案一的违约金计算标准是月租金 24 万元，方案二的违约金计算标准则是月租金 20 万元。

【筹划效果】

假设房产余值扣除比例为 30%。筹划前，2024 年 1 月～2 月的免租期从价计征，应缴房产税 = 1 000 × (1−30%) ×1.2% ×2÷12 = 1.4（万元）；2024 年剩余 10 个月从租计征，应缴房产税 = 24 × 10 × 12% = 28.8（万元）；房产税共计：1.4 + 28.8 = 30.2（万元）。

筹划后，免租期收取名义租金 1 元的方案下，2024 年缴纳房产税：$(0.000\ 1+0.000\ 1+24\times10)\times12\%\approx28.8$（万元）；将年租金平摊至每月的方案下，2024 年缴纳房产税：$24\times10\div12\times12\times12\%=28.8$（万元）。

经过筹划，可以降低税负 1.4 万元。

【连线法条】

《中华人民共和国房产税暂行条例》规定，房产税由产权所有人依照房产原值一次减除 10% 至 30% 后的余值计算缴纳。若房产出租的，则以房产租金收入为房产税的计税依据。依照房产余值计算缴纳的，税率为 1.2%；依照房产租金收入计算缴纳的，税率为 12%。

《财政部 国家税务总局关于安置残疾人就业单位城镇土地使用税等政策的通知》（财税〔2010〕121 号）规定，对出租房产，租赁双方签订的租赁合同约定有免收租金期限的，免收租金期间由产权所有人按照房产原值缴纳房产税。

5.2 城镇土地使用税的涉税规划

本节通过三个案例介绍城镇土地使用税的税收规划。

5.2.1 土地闲置也缴税，如此处理可全免

【问题场景】

安钢设备有一宗工业用地，目前已使用了大部分。但近期由于资金压力，暂无法按原计划建造厂房。为了解决员工吃菜问题，便让员工在未建房的地块上支起了几个蔬菜大棚。

虽然暂时解决了土地闲置问题，财务经理孙万仍因每年要缴纳不少城镇土地使用税（以下简称"土地使用税"）而担心，便咨询财税顾问邵逢源如何降低税收成本。

【筹划过程】

> 安钢设备：邵老师，那一部分的闲置土地，看来这两三年内都不能建厂房了，但每年要缴 70 多万元的城镇土地使用税。

闲置两年不开发就要被当地政府收回了，还是尽早开发得好。如果这两年确实资金不充足，你能种点什么不？

安钢设备：种了呀，老板让员工支起了蔬菜大棚，不过只用了很少一部分。这与税收有什么关系吗？

有关系。用于农、林、牧、渔的土地是可以免征城镇土地使用税的。所以，在不增加太多成本的情况下，荒地全部用于农业，就可以免税了。

安钢设备：不行啊，公司这土地证上写的是工业用地，不是农业用地。

直接用于农、林、牧、渔业的生产用地都可以免征，和土地性质没关系。

【筹划工具】

● 闲置土地改为农业用地享受免税 ●

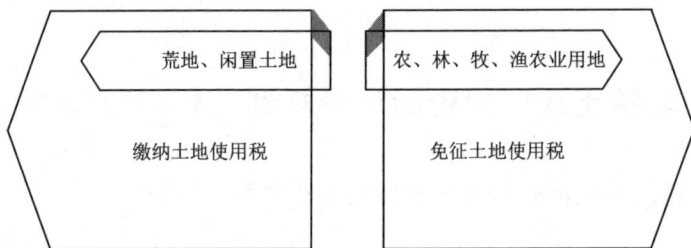

荒地、闲置土地	农、林、牧、渔农业用地
缴纳土地使用税	免征土地使用税

小贴士：土地暂时无法利用的情况，可以在土地上栽种菜地，使其变为农用地。是否免缴纳城镇土地使用税以实际使用土地的情况确定。

【筹划效果】

筹划前，财务人员对政策理解有误区，将土地证上的土地类型与《城镇土地使用税暂行条例》中第六条第（五）款规定"直接用于农、林、牧、渔业的生产用地免缴土地使用税"的条文混淆。每年为未使用的土地缴纳了 70 万元土地使用税。

筹划后，种植农产品，可以直接在纳税申报网站上申请免税。

经过筹划，为企业减少税负 70 万元。

【连线法条】

《城镇土地使用税暂行条例》规定，直接用于农、林、牧、渔业的生产用地免缴土地使用税。

《关于土地使用税若干具体问题的解释和暂行规定》规定，直接用于农、林、牧、渔业的生产用地，是指直接从事于种植、养殖、饲养的专业用地，不包括农副产品加工场地和生活、办公用地。

5.2.2　税款你可别多缴，绿化用地可免征

【问题场景】

为了践行绿色可持续发展，响应生态文明建设，绿色地球环保公司将绿色、环保理念引入到厂区开发建设中，致力于打造园林式工厂。目前，公司占地 100 亩，其中绿化用地 65 亩，有 45 亩为临近马路的公共绿化用地，种植了观赏性植被，以雕塑和假山石为点缀，向社会公众开放。

近日，绿色地球环保公司（绿色地球环保）总经理赵嵋参加了财税培训会，与财税顾问邵逢源结识。培训会结束后，两人在微信上闲聊了几句，没想到赵嵋从几句谈话中收获满满。

【筹划过程】

> 赵总，您公司的"园林式厂区"在业界可是非常有名啊，充分体现了以人为本的理念，也为公司员工提供了良好的景观环境和办公环境啊。

绿色地球环保
> 您过奖了，打造这样的厂区，公司可是投入了不少钱。

> 我参观过，尤其喜欢结合工厂特色的公共开放空间，非常有创意。贵公司这部分土地享受土地使用税免缴政策了吗？

绿色地球环保
> 土地使用税也有免税政策？请您详细说说。

> 工厂围墙外的灰色区域部分，虽然也列在公司的土地使用权证中。但实际用途也属于市政街道、广场、绿化地带等公共用地了，可以免缴土地使用税。

绿色地球环保
> 厂区内绿化用地享受不了免税，围墙外的可以享受？

> 是的，有些围墙就是个"篱笆墙"，可以调整。

【筹划工具】

────────── • 充分利用税收优惠政策 • ──────────

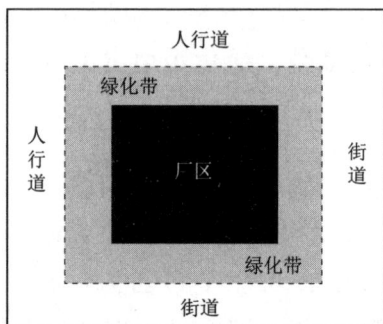

小贴士：一些企业的厂区外围都设置成绿化带，并与市政道路相连接。如果在围墙的设置上进行调整，围墙外部的绿化带实际已经用于公共场所，那么企业不必为此继续承担土地使用税。

【筹划效果】

厂房所在地按照每平方米 30 元缴纳土地使用税。

筹划前，年度应缴土地使用税＝$100 \times 666.67 \times 30 = 2\,000\,010$（元）。

筹划后，年度应缴土地使用税＝$(100-45) \times 666.67 \times 30 = 1\,100\,005.5$（元）。

经过筹划，减少税负 900 004.5 元。

【连线法条】

《中华人民共和国城镇土地使用税暂行条例》（国务院令第 483 号）第六条第四项规定，市政街道、广场、绿化地带等公共用地免缴土地使用税。

5.2.3 土地使用看来源，免征十年省千万

【问题场景】

山河化工厂主要生产民用爆破产品，以满足采矿、采石场和基础设施行业建设的需求。2023 年，山河化工厂因扩大生产建立新工厂。由于行业特殊，选址也具有特殊性，最终选择将新工厂建立在远离居民区的山区，厂区面积占据两个山头。

由于山区缺少基建设施，没有通电，山河化工厂联系了当地的电力公司，希望可以为此山区供电。厂长何必胜与公司的财税顾问邵逢源谈起此事，没

想到有了新发现。

【筹划过程】

山河化工厂：邵老师，电力公司为公司新建一座变电站。在厂区内需要独立划出一块独立的地方来建设变电站。

变电站的所有权应该归供电部门吧？

山河化工厂：对呀，公司正在谈占地补偿的问题。补偿款不属于卖地款吧？需要缴什么税？

确实不属于，土地使用权还是归你们所有。占地补偿款只涉及企业所得税。这块土地的面积有多大？

山河化工厂：面积倒不大，大概300多平方米吧。这块地周围也需要拉上线，不让人轻易靠近。

土地使用权虽然属于你们，但这块土地由于被供电部门的变电站占用，因此免征土地使用税。

山河化工厂：明白了。

【筹划工具】

————● 充分享受税收优惠政策 ●————

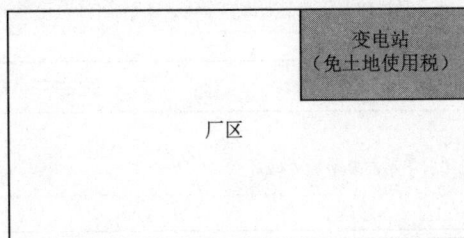

变电站
（免土地使用税）

厂区

小贴士：供电部门只要占用企业的土地建造变电站和输电线路，其用地都可以享受免征城镇土地使用税的政策。

【筹划效果】

经过筹划，该300平方米土地可以免缴城镇土地使用税，假设当地1平方米城镇土地使用税为5元，则可少缴1 500元土地使用税。

【连线法条】

《国家税务局关于电力行业征免土地使用税问题的规定》(〔1989〕国税地

字第 13 号）第三条规定，对供电部门的输电线路用地、变电站用地，免征土地使用税。

5.3 契税及耕地占用税的涉税规划

契税和耕地占用税都与土地开发买卖相关，本节主要介绍这两个税种在发生前的税收规划。

5.3.1 购房未必缴契税，缴了也可退回来

【问题场景】

近年来，随着城市化建设进程的推进，许多郊区的村庄都进行了旧村改造。2024 年，张小强所在的村庄就被拆迁。在选择补偿方式时，张小强选择了拆迁补偿款，然后用拆迁补偿款购置了一处新住房。张小强与财税顾问邵逢源聊起此事，没想到还有意外之喜。

【筹划过程】

小强，恭喜搬新房啊，看你这装修，花了不少钱吧？

张小强　　是呀，从拆迁到现在，都快三年了，这一番折腾花了我不少钱，装修就是80万元，还有缴税10万元，公共维修金等，差不多100万元了。

你怎么还缴税？

张小强　　缴契税啊，买房子不都要缴契税吗？

我记得拆迁重新购置住房，相当于拆迁补偿款的部分免契税吧？如果成交价超过拆迁补偿款的，超过部分缴纳契税。

张小强　　还有这个规定呢？那我缴税的时候，税务局的人也没说可以免呀？我是满额缴的税。

你也不用着急，回头我把政策文件发给你。缴税时，你也没有告知税务局这是拆迁安置房。因为你的原因导致多缴税，三年之内发现都可以申请退税。准备好补偿协议等资料，申请退税即可。

【筹划工具】

充分利用税收优惠政策

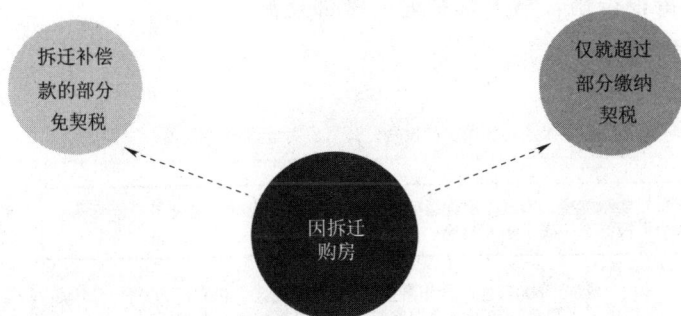

【筹划效果】

假设张小强获得拆迁补偿款150万元，用该拆迁补偿款购买了一套价值180万元的住宅。

筹划前，张小强应缴纳契税＝180×1.5％＝2.7（万元）。

筹划后，张小强应缴纳契税＝（180－150）×1.5％＝0.45（万元）。

经过筹划，张小强减少契税2.25万元。

【连线法条】

《财政部 国家税务总局关于企业以售后回租方式进行融资等有关契税政策的通知》（财税〔2012〕82号）文件规定：市、县级人民政府根据《国有土地上房屋征收与补偿条例》有关规定征收居民房屋，居民因个人房屋被征收而选择货币补偿用以重新购置房屋，并且购房成交价格不超过货币补偿的，对新购房屋免征契税；购房成交价格超过货币补偿的，对差价部分按规定征收契税。居民因个人房屋被征收而选择房屋产权调换，并且不缴纳房屋产权调换差价的，对新换房屋免征契税；缴纳房屋产权调换差价的，对差价部分按规定征收契税。

《中华人民共和国税收征收管理法》第五十一条规定，纳税人超过应纳税额缴纳的税款，税务机关发现后应当立即退还；纳税人自结算缴纳税款之日起三年内发现的，可以向税务机关要求退还多缴的税款并加算银行同期存款利息，税务机关及时查实后应当立即退还；涉及从国库中退库的，依照法律、行政法规有关国库管理的规定退还。

5.3.2　投资过户要缴税，契税可免操作巧

【问题场景】

李雷和韩梅一起开公司。双方协商，李雷将刚购得的价值600万元的商

品房，拟按原价投入到公司占 60%，韩梅则投入货币资金 400 万元，占 40% 的股权。但办理不动产过户手续时，被告知公司需要缴纳契税。这笔不小的开支，让李雷很苦恼，马上联系老同学邵逢源。

【筹划过程】

李雷：老邵，咨询个事，我用房产投资，公司还要缴纳3%的契税？

当然要缴契税，不过不用你缴呀！公司接受房产投资，是公司来缴契税。这个税很特殊，属于买方缴税。

李雷：我投资房产600万元，合作方投资400万元现金。400万元的每一分钱都已经做好了预算。如果再增加支出，我的股权比例就要调低了。

噢，那真得好好筹划一下。18万元契税倒有办法全部省下来，但是麻烦一点。你公司的名称已经核好了吗？

李雷：还没核好。

那行。你先看看是否可以把核名表中的投资人改成你自己。然后你将这套房子投入公司中。因为税法有规定，你投资不动产给你100%占股的公司，不征收契税。之后，韩梅再增资，一样可以达到两人投资的目的。

李雷：这事我马上就可以去办。

【筹划工具】

━━━━━━━━━━ **充分利用投资免契税的政策** ━━━━━━━━━━

免征契税

房产持有方 →（投资入股）→ 100%控股子公司

小贴士： 该政策适用于房地产出资给 100% 持股的企业，如果公司的股东为两人以上，则不享受该政策。所以，可先成立一人有限公司，待房地产证办理完过户手续，再增加其他股东即可。

【筹划效果】

筹划前，青梅公司接受李雷的个人投资房产，需要缴纳契税＝600×3%＝

18（万元）。

筹划后，需要缴纳契税＝0。

经过筹划，减少契税 18 万元。

【连线法条】

《中华人民共和国契税法》第二条本法所称转移土地、房屋权属，是指下列行为：

（一）土地使用权出让；

（二）土地使用权转让，包括出售、赠与、互换；

（三）房屋买卖、赠与、互换。

《财政部 税务总局关于继续执行企业事业单位改制重组有关契税政策的公告》（财政部 税务总局公告 2021 年第 17 号）第六条规定，同一投资主体内部所属企业之间土地、房屋权属的划转，包括母公司与其全资子公司之间，同一公司所属全资子公司之间，同一自然人与其设立的个人独资企业、一人有限公司之间土地、房屋权属的划转，免征契税。母公司以土地、房屋权属向其全资子公司增资，视同划转，免征契税。

5.3.3　占用耕地不缴税，建房用途很重要

【问题场景】

牛羊满地公司有自己的奶牛饲养场。为了提高牛奶品质，达到绿色食品级的原料奶，公司决定加大投资，对饲草种植模式和奶牛养殖技术进行研究。为此，公司决定占用饲养场附近的草地，建造独立办公楼及科研基地。公司计划一经宣布，财务部就耕地占用税的问题讨论了起来，眼看意见不能达成一致，公司的财务经理张扬决定咨询财务顾问邵逢源。

【筹划过程】

> **牛羊满地**：邵老师，占用草地建楼肯定需要缴纳耕地占用税，您说呢？

> 一般情况下，占用农用地建房是要缴纳耕地占用税的。不过，公司建楼的用途是什么呢？

> **牛羊满地**：有部分用于农业科研。

> 农业科研基地属于直接为农业生产服务而建设的建筑物，是不征收耕地占用税的，不过办公楼要征收耕地占用税的。

| 牛羊满地 | 真要这么说，也不容易分清，办公区的人也是为科研人员服务的，那可以把整个楼都称之为科研楼了？ |

可以呀。其实国家对农业的扶持力度还是很大的，直接为农业生产服务的，都不征耕地占用税，比如养殖设施、专门为农业生产服务的灌溉排水、供水、供电、供热、供气、通信基础设施，以及农业生产者从事农业生产必需的食宿和管理设施等。

| 牛羊满地 | 明白了，有你这么专业的回答我就放心了。 |

【筹划工具】

充分利用税收优惠政策

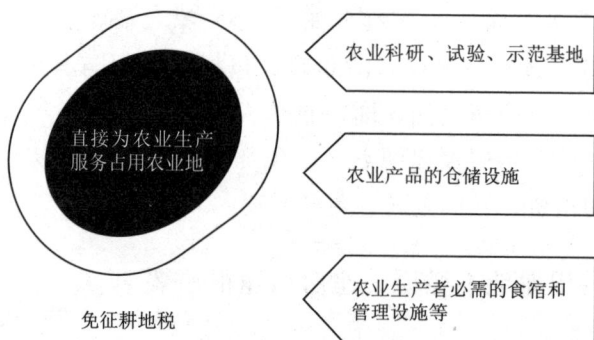

直接为农业生产服务占用农业地

免征耕地税

农业科研、试验、示范基地

农业产品的仓储设施

农业生产者必需的食宿和管理设施等

【筹划效果】

筹划前，财务经理张扬认为需要缴纳耕地占用税，按照实际占用的耕地面积为计税依据一次性缴纳税款，以山东省为例，每平方米平均税额为 22.5 元。

筹划后，农业科研基地属于直接为农业生产服务的生产设施，免征耕地占用税。

经过筹划，减少了耕地占用税，相当于为公司增加一笔收益。

【连线法条】

《中华人民共和国耕地占用税法》第十二条，占用园地、林地、草地、农田水利用地、养殖水面、渔业水域滩涂，以及其他农用地建设建筑物、构筑物或者从事非农业建设的，依照本法的规定缴纳耕地占用税。占用本条第一款规定的农用地建设直接为农业生产服务的生产设施的，不缴纳耕地占用税。

《财政部 税务总局 自然资源部 农业农村部 生态环境部关于发布〈中华人民共和国耕地占用税法实施办法〉的公告》（财政部公告 2019 年第 81 号）第二十六条规定：直接为农业生产服务的生产设施，是指直接为农业生产服务而建设的建筑物和构筑物。具体包括：储存农用机具和种子、苗木、木材等农业产品的仓储设施；培育、生产种子、种苗的设施；畜禽养殖设施；木材集材道、运材道；农业科研、试验、示范基地；野生动植物保护、护林、森林病虫害防治、森林防火、木材检疫的设施；专为农业生产服务的灌溉排水、供水、供电、供热、供气、通讯基础设施；农业生产者从事农业生产必需的食宿和管理设施；其他直接为农业生产服务的生产设施。

5.4　土地增值税的涉税规划

土地增值税是房地产转让过程中形成的计算最为复杂的一种税，本节主要介绍土地增值税在形成前的税收规划。

5.4.1　利息支出税前列，两种方法预先算

【问题场景】

天建房地产开发的"八方来财小区"住宅项目，进入土地增值税汇算清缴阶段。财务经理李曜对该项目进行数据分析后得出，项目收入为 21 000 万元，为取得土地使用权支付地价款及相关费用 4 800 万元，房地产开发成本为 8 600 万元。李曜让财务部门测算出土地增值税后，将相关数据发给财税顾问邵逢源。

【筹划过程】

天建房地产	邵老师，土地增值税汇算清缴的表格您收到了吧？请看看财务人员算得有没有问题，总感觉哪里不太对。

单从表上看，没什么问题。不过，我记得公司是有贷款的吧？每年的审计报告我都复核过。利息都有正规的单据。

| 天建房地产 | 有，不过利息与土地增值税汇缴也没啥关系。按税法规定，已经加计扣除了10%，都考虑进去了。 |

还是有关系的，你让财务查一下，这个项目从开始到验收的时候，利息支出一共是多少？

| 天建房地产 | 大约 1 200 万元吧。 |

那这个项目完全可以据实扣除利息支出。如果利息据实扣除，项目加计扣除的10%就按5%扣除。表格上的加计扣除的成本基数是8 600+4 800=13 400万元，5%也才670万元。

【筹划工具】

———————● 做好税前扣除利息两种算法的比对 ●———————

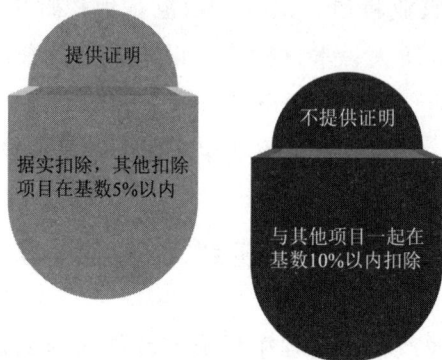

小贴士：企业预计利息费用较高，则可计算应分摊的利息并提供金融机构证明，据实扣除；反之，主要依靠权益资本筹资，预计利息费用较少，则可不计算应分摊的利息，这样可以多扣除房地产开发费用。

【筹划效果】

筹划前，利息支出与其他扣除项目在基数 10％以内扣除，那么房地产开发费用的扣除限额：（4 800＋8 600）×10％＝1 340（万元）。筹划后，利息支出按照在商业银行同类同期贷款利率的限度内据实扣除，那么房地产开发费用的扣除限额：1 200＋（4 800＋8 600）×5％＝1 870（万元）。经过筹划，可以增加扣除金额 530 万元（1 870－1 340）。

【连线法条】

《中华人民共和国土地增值税暂行条例实施细则》规定：

财务费用中的利息支出，凡能够按转让房地产项目计算分摊并提供金融机构证明的，允许据实扣除，但最高不能超过按商业银行同类同期贷款利率计算的金额。其他房地产开发费用，在按照"取得土地使用权所支付的金额"与"房地产开发成本"金额之和的 5％以内计算扣除。

凡不能按转让房地产项目计算分摊利息支出或不能提供金融机构证明的，房地产开发费用在按"取得土地使用权所支付的金额"与"房地产开发成本"金额之和的 10％以内计算扣除。

5.4.2　收入成本同增加，增值率有大变化

【问题场景】

接 5.4.1 案例，财务经理李曜把调整后的土地增值税汇算清缴表，又发

给财税顾问邵逢源。邵逢源审核后发现利息支出据实列支后，项目的增值率仍超过 20％，享受不到普通标准住宅的增值率低于 20％，可免缴土地增值税的政策，便提出要查看科目余额表。李曜按要求将科目余额表发给了邵逢源。

【筹划过程】

李总，其他应付款中有个明细科目是"八方来财小区"项目代收款，这代收的是什么款项？我看余额还不小呢，有800万元了。

天建
房地产

邵老师，是代收的城建配套费、门锁款、马桶款。我的想法是这些款项不计入房价中，收入少了，税也少了。

这是在人为分割收入，看起来少缴了以800万元为计税基础的增值税，实则缴的税更多了，并且也违反相关规定。

天建
房地产

怎么可能？请解释解释。

如果代收费用不计入房价中，也没法列在成本中，那么在计算加计扣除时，基数就降了。收入减了800万元，对于增值额来讲，不降反升。

天建
房地产

噢，我明白了。

我刚测算了，将800万元并入收入和成本，可以让这个项目的增值率从22%降到19%，收入成本项目核算更清晰。

【筹划工具】

收入成本同时增加，反而降低增值率

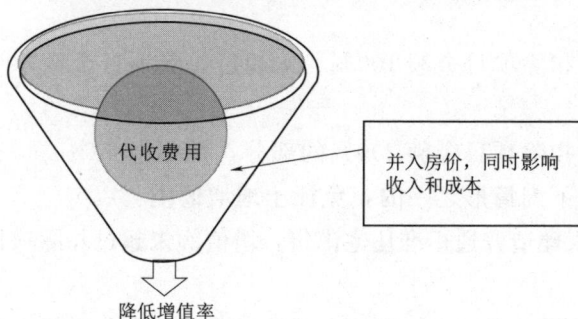

代收费用

并入房价，同时影响收入和成本

降低增值率

小贴士：

（1）土地增值税是较为特殊的税种之一，其扣除项存在加计扣除的规则。房地产企业的（土地与开发成本的）加计扣除比例为 25％～30％，这就意味着收入成本同时增加，增值额反而降低。

（2）除了代扣费用可能会同时影响收入与成本以外，其他分割收入的行为都有可能会影响到与收入对应的成本减少。要充分衡量分割收入及成本部分，其毛利率低于 23%，还不如不分割。

【筹划效果】

假设该房产项目适用于老项目的简易计税，则征收率为 5%。

筹划前，代收费用单独收取，不计入房价。项目收入为 21 000 万元，税前可扣除的税费为 136.5 万元，土地与开发成本共计 13 400 万元，利息支出 1 200 万元，加计扣除额为 3 350 万元。增值额为 2 913.5 万元，增值率为 22%，适用税率 30%，应缴土地增值税＝2 913.5×30%＝874.05（万元）。

筹划后，将代收费用并入房价，向购买方一并收取。增值税增加额＝800×5%＝40（万元）；项目收入为 21 800 万元，税前可扣除的税费 141.7 万元，土地与开发成本共计 14 200 万元，利息支出 1 200 万元，加计扣除额为 3 550 万元。增值额为 2 708.3 万元，增值率为 19%，增值额未超过扣除项目金额 20%，免征土地增值税。

按税法相关规定处理，虽然增值税增加了 40 万元，各类附加税费增加了 5.2 万元，但是土地增值税减少了 874.05 万元，整体来看，将代收费用并入房价后，减少税款 828.85 万元。

【连线法条】

《中华人民共和国土地增值税暂行条例》第七条规定，土地增值税实行四级超率累进税率：

增值额未超过扣除项目金额 50% 的部分，税率为 30%。

增值额超过扣除项目金额 50%、未超过扣除项目金额 100% 的部分，税率为 40%。

增值额超过扣除项目金额 100%、未超过扣除项目金额 200% 的部分，税率为 50%。

增值额超过扣除项目金额 200% 的部分，税率为 60%。

第八条　有下列情形之一的，免征土地增值税：

（一）纳税人建造普通标准住宅出售，增值额未超过扣除项目金额 20% 的。

…………

《国家税务总局关于印发〈房地产开发经营业务企业所得税处理办法〉的通知》(国税发〔2009〕31 号)第五条规定，开发产品销售收入的范围为销售开发产品过程中取得的全部价款，包括现金、现金等价物及其他经济利益。企业代有关部门、单位和企业收取的各种基金、费用和附加等，凡纳入开发产品价内或由企业开具发票的，应按规定全部确认为销售收入；未纳入开发产品价内并由企业之外的其他收取部门、单位开具发票的，可作为代收代缴款项进行管理。

第 6 章　小税种的规划

　　除了增值税、所得税等影响国家税收收入最重要的几个税种外，还有一些小税种，也为国家收入发挥了重要的作用。这些小税种看起来税率低，但由于涉及面广，其实际贡献也很大。

　　本章将重点介绍城市建设维护税、车船使用税、车辆购置税、船舶吨税、印花税、资源税等这些小税种的纳税规划。

6.1 城市维护建设税与车船相关税种的涉税规划

本节主要介绍城市建设维护税、车船购置税和船舶吨税的税收规划。

6.1.1 出口退税可选择，改变期限有规定

【问题场景】

生生工艺品公司（以下简称生生工艺品）主要生产手工藤编产品。原材料为当地产的竹藤，从个人和商贩手中获得，手工工艺复杂，人工费占了总成本的80%。近几年内销的产品越来越少，反而在海外十分受欢迎。

由于出口业务实行的是增值税"免抵退"政策，总经理杨谦在与财税顾问王永青聊天时，谈起这件事。

【筹划过程】

> 生生工艺品：
> "出口退税"好是好，但是像公司这种情况，进项税特别少，形成大量免抵额，这也没享受到退税的好处。

> 杨总，公司没有办法提高机械化水平吗？

> 生生工艺品：
> 公司的产品特点就在于纯手工制作，如果改变这项传统制作的方式，公司的产品就失去了价值。

> 那我倒建议公司放弃出口退税政策。公司的进项税额太少了，就会产生大量免抵税额，有免抵税额就要缴纳城建税等附加税费。如果选择免增值税，就没有免抵税额，也不用缴附加税费了。

> 生生工艺品：
> 也就是说公司选择免税不退税，反而更省事了？出口业务适用免税，还是适用免抵退税政策，企业可以自己选择吗？

> 当然可以选，但36个月内不能再次变更。

【筹划工具】

──────● 没有进项税额的免抵退政策不如直接选免税 ●──────

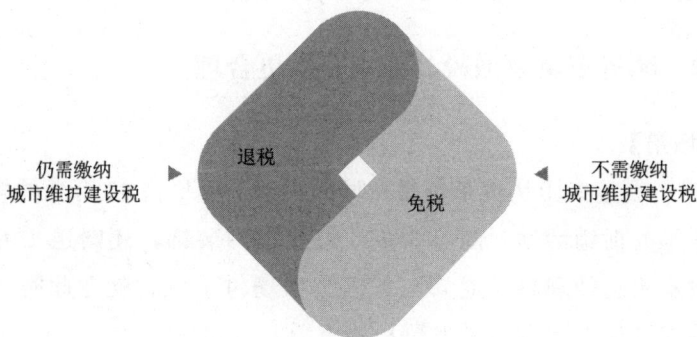

仍需缴纳城市维护建设税 ▶ 退税 免税 ◀ 不需缴纳城市维护建设税

小贴士：出口业务选择免抵退政策，还是选择免税政策，要经过综合测算后决定。

【筹划效果】

筹划前，生生工艺品享受出口退税政策，产生免抵税额400万元，则需要缴纳城市维护建设税：$400 \times 7\% = 28$（万元）。

筹划后，放弃出口退税，适用免税政策，则不需缴纳城市维护建设税。

经过筹划，企业省下28万元的城市维护建设税。

【连线法条】

《国家税务总局关于出口企业申报出口货物退（免）税提供收汇资料有关问题的公告》（国家税务总局公告2013年第30号）第一条规定，出口企业申报退（免）税的出口货物，须在退（免）税申报期截止之日内收汇（跨境贸易人民币结算的为收取人民币），并按本公告的规定提供收汇资料；未在退（免）税申报期截止之日内收汇的出口货物，除本公告第五条所列不能收汇或不能在出口货物退（免）税申报期的截止之日内收汇的出口货物外，适用增值税免税政策。

《国家税务总局关于出口货物劳务增值税和消费税有关问题的公告》（国家税务总局公告2013年第65号）第二条规定，出口企业或其他单位可以放弃全部适用退（免）税政策出口货物劳务的退（免）税，并选择适用增值税免税政策或征税政策。放弃适用退（免）税政策的出口企业或其他单位，应向主管税务机关报送《出口货物劳务放弃退（免）税声明》(附件2)，办理备案手续。自备案次日起 36 个月内，其出口的适用增值税退（免）税政策的出口货物劳务，适用增值税免税政策或征税政策。

6.1.2 购置车辆要缴税，分别开票更合理

【问题场景】

2023 年，晶益集团从汽车贸易商城购买了 1 辆价格 90 万元的轿车。汽车贸易商城正举办促销活动，同时购买 5 万元车内装饰，还赠送 1 万元的汽车配件。晶益集团总经理赵旻通知财务人员当场付了款。就在此时，财务经理王永青突然在微信上提醒赵旻发票相关事项。

【筹划过程】

> 赵总，款项已经付过去了。记得要开发票哈。

晶益集团
> 知道，我已经和销售员说了要发票。

> 您买的这辆车一共是90万元，装饰等费用5万元，是吧？发票记得要分别开具，别开在一张上哈。

晶益集团
> 那么麻烦吗？钱不是一起付的吗？

> 赵总，买完车还需要缴纳车辆购置税呢。税款是按照发票的金额计算征收的，您把汽车配件开在一起，那不是多缴税了？

晶益集团
> 噢，车辆购置税是按照90万元征收吗？税率是多少？那我这边还要再准备点钱缴税。

> 90万元的价格是包含增值税的，需要把增值税扣除掉。税率为10%。

晶益集团
> 什么时候缴税？

> 从开具购车开票开始计算，60日内缴纳。从第 61 天开始，每天收取0.5%滞纳金。

—————● **不要将与车辆价格无关的金额并入车辆价格** ●—————

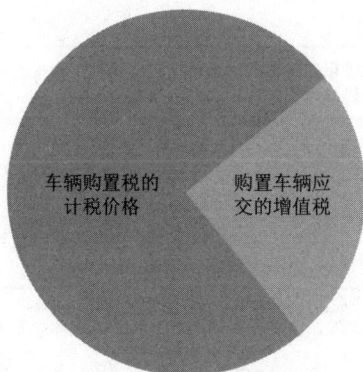

小贴士：车辆购置税虽然是按发票中列示的车辆价格为基数，但如果过低，税务机关也会直接按该车辆的基准价格核定征收的。所以不必刻意做低价格，但也不要把车辆装修、配件等费用计入车辆价值一同开发票。

【筹划效果】

筹划前，缴纳车辆购置税＝（90＋5）÷（1＋13％）×10％＝8.41（万元）。

筹划后，缴纳车辆购置税＝90÷（1＋13％）×10％＝7.96（万元）。

经过筹划，减少税负 0.45 万元（8.41－7.96）。

【连线法条】

《关于车辆购置税有关具体政策的公告》（财政部 税务总局公告 2019 年第 71 号）第二条规定，纳税人购买自用应税车辆实际支付给销售者的全部价款，依据纳税人购买应税车辆时相关凭证载明的价格确定，不包括增值税税款。

《中华人民共和国车辆购置税法》第四条规定，车辆购置税的税率为百分之十。

第十二条规定，车辆购置税的纳税义务发生时间为纳税人购置应税车辆的当日。纳税人应当自纳税义务发生之日起六十日内申报缴纳车辆购置税。

6.1.3　船舶缴税有优惠，用途写对可免税

【问题场景】

2023 年，探索者渔业公司经营时间超过 10 年，最近换了新的财务主管

王永青。王永青到位后，总经理雷鸣要求其对以前年度的账目进行摸底清查，并特意强调重点关注税收风险。

【筹划过程】

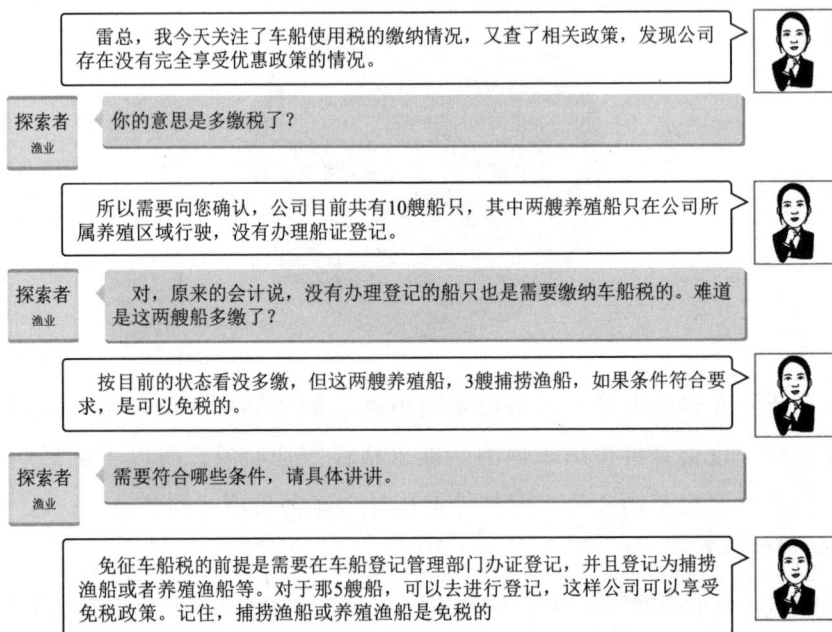

雷总，我今天关注了车船使用税的缴纳情况，又查了相关政策，发现公司存在没有完全享受优惠政策的情况。

探索者 渔业
你的意思是多缴税了？

所以需要向您确认，公司目前共有10艘船只，其中两艘养殖船只在公司所属养殖区域行驶，没有办理船证登记。

探索者 渔业
对，原来的会计说，没有办理登记的船只也是需要缴纳车船税的。难道是这两艘船多缴了？

按目前的状态看没多缴，但这两艘养殖船，3艘捕捞渔船，如果条件符合要求，是可以免税的。

探索者 渔业
需要符合哪些条件，请具体讲讲。

免征车船税的前提是需要在车船登记管理部门办证登记，并且登记为捕捞渔船或者养殖渔船等。对于那5艘船，可以去进行登记，这样公司可以享受免税政策。记住，捕捞渔船或养殖渔船是免税的

【筹划工具】

—— 充分利用税收优惠政策 ——

捕捞船 · 免征车船税 · 养殖船

【筹划效果】

假设 10 艘船的净吨位都为 100 吨。探索者渔业公司的 10 艘船舶适用的车船税计税标准：船舶净吨位 200 吨以下（含 200 吨）的，每吨 3 元。

筹划前，应缴纳车船税＝100×3×10＝3 000（元）。

筹划后，应缴纳车船税＝100×3×5＝1 500（元）。

经过筹划，享受税收优惠 1 500 元。

【连线法条】

《中华人民共和国车船税法》第一条规定，在中华人民共和国境内属于本法所附《车船税税目税额表》规定的车辆、船舶（以下简称车船）的所有人或者管理人，为车船税的纳税人，应当依照本法缴纳车船税。

《中华人民共和国车船税法实施条例》第二条规定，车船税法第一条所称车辆、船舶，是指：（一）依法应当在车船登记管理部门登记的机动车辆和船舶；（二）依法不需要在车船登记管理部门登记的在单位内部场所行驶或者作业的机动车辆和船舶。

《中华人民共和国车船税法》第三条规定，下列车船免征车船税：（一）捕捞、养殖渔船；…………

《中华人民共和国车船税法实施条例》第七条规定，车船税法第三条第一项所称的捕捞、养殖渔船，是指在渔业船舶登记管理部门登记为捕捞船或者养殖船的船舶。

《中华人民共和国船舶吨税法》第九条规定，下列船舶免征吨税：……（五）捕捞、养殖渔船；…………第二十一条规定，捕捞、养殖渔船，是指在中华人民共和国渔业船舶管理部门登记为捕捞船或者养殖船的船舶。

6.2　印花税、关税的涉税规划

本节介绍了印花税、关税的税收规划案例。

6.2.1　实收资本不到位，为何提前要缴税

【问题场景】

晶喜公司实行注册资本认缴制，实收资本为 200 万元。为了扩大生产，提高行业资质，决定将注册资本增加到 1 000 万元。公司新来的会计小赵从没处理过此类业务，于是询问财税顾问王永青。

【筹划过程】

晶喜公司：王老师，领导要求增加注册资本，从200万元增至1 000万元，出资时间定到20年内了。我是不是得挂个应收股东出资？

没有收到实缴资本，不用这样处理。

晶喜公司：但是不这样处理，实收资本就与注册资本不相等。而且我这样处理也可以提醒各位股东实缴资本。

实收资本与注册资本不必相同。按章程约定，实缴期限确定在20年内，现在也不到实缴的截止期限，不必形成股东的欠款。何况，你这么做，还会让公司多缴一笔税款。

晶喜公司：怎么会多缴税款，多缴了哪种税款？

印花税！注册资本实行认缴制后，认缴但未实际收到投入的资本时，是不用缴纳印花税的，实际收到投入资本时再缴纳。你这提前计入"实收资本"，实收资本都增加了，印花税还能不缴吗？

【筹划工具】

● "实收资本"以实质重于形式原则处理 ●

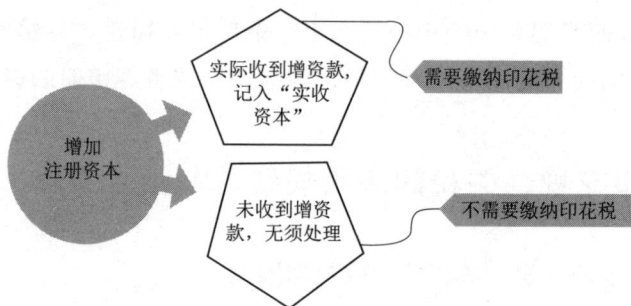

增加注册资本

实际收到增资款，记入"实收资本" → 需要缴纳印花税

未收到增资款，无须处理 → 不需要缴纳印花税

【筹划效果】

筹划前，收到股东的实缴资本前，会计就将增资额记入"实收资本"，需缴纳印花税＝8 000 000×0.025‰＝2 000（元）。

筹划后，未收到实缴资本，会计不需要进行账务处理，也不需要缴纳印花税。

经过筹划，当期少缴印花税2 000元。

【连线法条】

《中华人民共和国印花税法》第五条，印花税的计税依据如下：

……………

（三）应税营业账簿的计税依据，为账簿记载的实收资本（股本）、资本公积合计金额。

……………

第十一条，已缴纳印花税的营业账簿，以后年度记载的实收资本（股本）、资本公积合计金额比已缴纳印花税的实收资本（股本）、资本公积合计金额增加的，按照增加部分计算应纳税额。

另外在印花税税目税率表中，营业账簿中，税率为实收资本（股本）、资本公积合计金额的万分之二点五。

6.2.2　印花税目多税率，签订合同要注意

【问题场景】

2023 年，嘻嘻物流公司（以下简称嘻嘻物流）决定租下几间厂房，将业务转型成运输仓储一体化。近日，嘻嘻物流与客户签订了一批运输仓储合同，合同中包含运输、保管、仓储、搬运等多项合约内容。财务收款时，才得知首批合同已经签订。

财务经理王永青要来合同进行查看后，发现其中的税收问题，立即联系出差在外的总经理李大喜。

【筹划过程】

> 李总，我刚刚看到公司签订首批合同。合同写得挺全面，但财务部未在签订前审核，未考虑印花税。我做了测算，印花税税率虽然低，但是如果以后所有合同都这么签，公司一年损失小 10 万元是完全可能的。

嘻嘻物流
> 这事我知道，合同签得有点急，确实没经过财务部审核。为何说会影响印花税？

> 合同中包含运输、保管、仓储、搬运等多项合约内容，但各自税率不同，比如运输合同税率 0.03%，保管合同税率 0.1%。但合同中没有分别列明各税目事项的金额，这样就会从高适用税率缴纳印花税。

嘻嘻物流
> 嗯，这个确实没考虑，将不同税率的项目在合同中列清楚，是不是就可以了？

> 是的，列清楚即可。

【筹划工具】

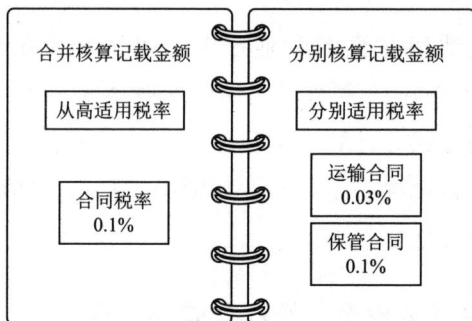

小贴士：未分清核算从高适用税率的政策规定，不仅仅体现在印花税中。尤其对于税率较多的税种，合同分清列示、账目记载清晰都可以对降低税负起到关键作用。

【筹划效果】

筹划前，签订的合同不分别记载运输费和保管费，印花税从高适用税率 0.1%。

筹划后，签订的合同分别记载运输费和保管费，分别适用印花税税率，运输合同 0.03%，保管合同 0.1%。

经过筹划，每份合同的运输费对应的印花税可以节约一半多。

【连线法条】

《中华人民共和国印花税法》第一条规定，在中华人民共和国境内书立应税凭证、进行证券交易的单位和个人，为印花税的纳税人，应当依照本法规定缴纳印花税。

·············

第九条规定，同一应税凭证载有两个以上税目事项并分别列明金额的，按照各自适用的税目税率分别计算应纳税额；未分别列明金额的，从高适用税率。

6.2.3　进口需要缴关税，换种方式可缓缴

【问题场景】

陵荣公司是一家生产汽车电传动系统的制造业企业，最近公司准备与国

外某家汽车厂商进行长期合作。对方要求传动系统的主要零部件要从指定境外公司进口，之后由陵荣公司进行组装后销售给国外该客户。

公司之前的订单基本都是在国内采购零部件，如此大批量的跨国采购尚无太多经验。总经理赵言赶快向财税顾问王永青沟通此事。

【筹划过程】

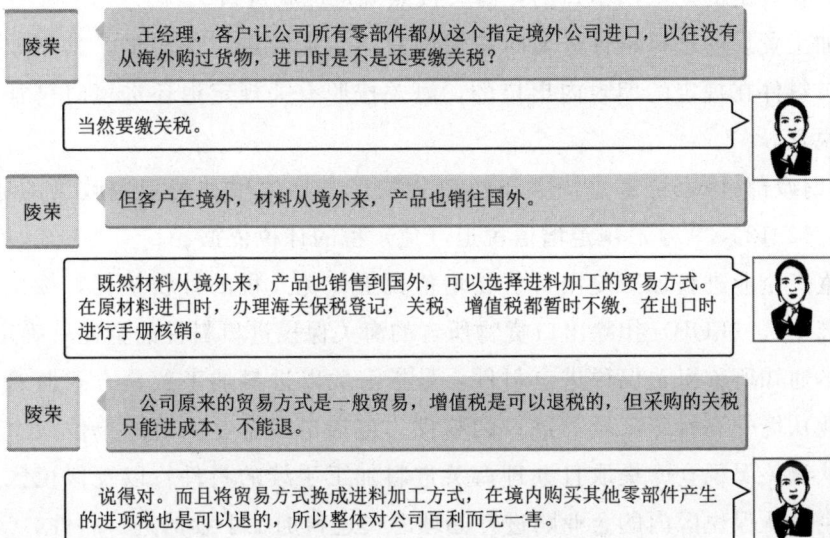

陵荣：王经理，客户让公司所有零部件都从这个指定境外公司进口，以往没有从海外购过货物，进口时是不是还要缴关税？

当然要缴关税。

陵荣：但客户在境外，材料从境外来，产品也销往国外。

既然材料从境外来，产品也销售到国外，可以选择进料加工的贸易方式。在原材料进口时，办理海关保税登记，关税、增值税都暂时不缴，在出口时进行手册核销。

陵荣：公司原来的贸易方式是一般贸易，增值税是可以退税的，但采购的关税只能进成本，不能退。

说得对。而且将贸易方式换成进料加工方式，在境内购买其他零部件产生的进项税也是可以退的，所以整体对公司百利而无一害。

【筹划工具】

改变贸易方式，避免缴纳关税

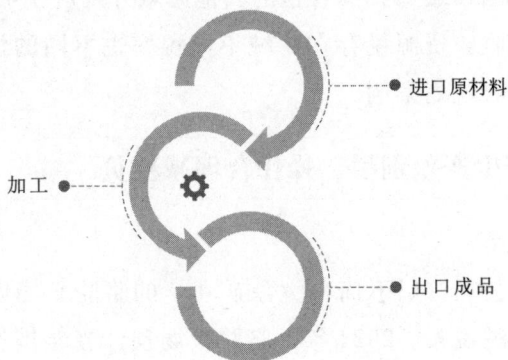

● 进口原材料

加工 ●

● 出口成品

【筹划效果】

筹划前，公司所订购的零部件需在入关时申报缴纳关税；

筹划后，关税支出在产品进入国内非保税区时才申报缴纳，为企业争取到了资金的时间成本。

【连线法条】

《中华人民共和国进出口关税条例》（国务院令〔2003〕392号）第四十一条规定，加工贸易的进口料件按照国家规定保税进口的，其制成品或者进口料件未在规定的期限内出口的，海关按照规定征收进口关税。

加工贸易的进口料件进境时按照国家规定征收进口关税的，其制成品或者进口料件在规定的期限内出口的，海关按照有关规定退还进境时已征收的关税税款。

《财政部 国家税务总局关于出口货物劳务增值税和消费税政策的通知》（财税〔2012〕39号）规定增值税退（免）税的计税依据：

生产企业进料加工复出口货物增值税退（免）税的计税依据，按出口货物的离岸价（FOB）扣除出口货物所含的海关保税进口料件的金额后确定。

本通知所称海关保税进口料件，是指海关以进料加工贸易方式监管的出口企业从境外和特殊区域等进口的料件。包括出口企业从境外单位或个人购买并从海关保税仓库提取且办理海关进料加工手续的料件，以及保税区外的出口企业从保税区内的企业购进并办理海关进料加工手续的进口料件。

6.3 资源税的涉税规划

资源税是对我国领域和我国管辖的其他海域开发应税资源的单位和个人，而征收的一次性税收。资源税存在区域不同税率也不同的情况。本节介绍资源税的三个典型税收规划案例。

6.3.1 矿产生产差别税，操作合理减税负

【问题场景】

大象矿业集团公司（以下简称大象矿业）的骆驼矿场以开采铁矿石为主营业务，属于一般纳税人。2024年，骆驼矿场预计当年销售自采原矿的销售收入能够达到3 000万元，加工成符合客户要求的铁选矿销售收入约6 000万元。

集团公司财务总监马冬联系到公司的财税顾问王永青，商讨资源税政策

对企业的影响。

【筹划过程】

大象矿业：王经理，《中华人民共和国资源税法》对铁矿石的税率是怎么规定的？

按照新规定，原矿和选矿实行差别税率。和以往一样，连续加工成铁选矿的部分从源头上就要单独管理、分清核算。公司所在省的铁原矿税率为2%，铁选矿为1.5%。如果混合不清，都要按2%征收。

大象矿业：移送加工铁选矿的铁原矿，也需要缴资源税吗？

移送环节不用缴，都是在销售环节申报缴纳资源税。

大象矿业：明白了。公司还有点低品位矿，现在有什么税收政策吗？今年估计也能卖个500多万元。

低品位矿是有优惠的，开采低品位矿减征20%资源税。还是一样，要能独立核算确定销售额或者销售数量。务必在开采过程，以及销售过程中加强单据的管理、传递，方便财务独立核算。

【筹划工具】

── **消除混乱，清晰核算** ──

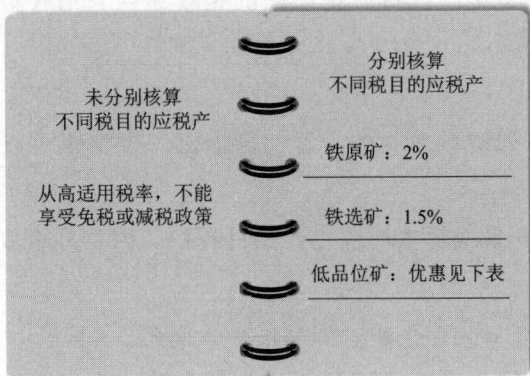

未分别核算
不同税目的应税产

从高适用税率，不能
享受免税或减税政策

分别核算
不同税目的应税产

铁原矿：2%

铁选矿：1.5%

低品位矿：优惠见下表

地　　区	2020 年 9 月 1 日起，低品位矿资源税减免优惠
河北、浙江、福建、山东、河南、湖北、湖南、重庆、四川、贵州、青海、新疆维吾尔自治区	无优惠
广东	减免 20%

地　　区	2020 年 9 月 1 日起，低品位矿资源税减免优惠
山西、内蒙古自治区、辽宁	减免 30%
安徽	减免 40%
黑龙江、江苏、江西、广西壮族自治区、海南、云南、西藏自治区、陕西、宁夏回族自治区、甘肃	减免 50%
吉林	100% 免征

【筹划效果】

筹划前，未分别核算。应纳资源税＝6 000×2％＋3 000×2％＋500×2％＝190（万元）。

经过筹划，不仅要对原矿与选矿分别核算，还要对不同税目的低品位矿销售额分别核算，可以申请享受减征政策。减免税额＝500×2％×20％＝2（万元），应纳资源税＝6 000×1.5％＋3 000×2％＋500×2％－2＝158（万元）。

经过筹划，减少资源税 32 万元（190－158）。

【连线法条】

《中华人民共和国资源税法》第四条，纳税人开采或者生产不同税目应税产品的，应当分别核算不同税目应税产品的销售额或者销售数量；未分别核算或者不能准确提供不同税目应税产品的销售额或者销售数量的，从高适用税率。

…………

第七条，有下列情形之一的，省、自治区、直辖市可以决定免征或者减征资源：

（一）纳税人开采或者生产应税产品过程中，因意外事故或者自然灾害等原因遭受重大损失；

（二）纳税人开采共伴生矿、低品位矿、尾矿。

前款规定的免征或者减征资源税的具体办法，由省、自治区、直辖市人民政府提出，报同级人民代表大会常务委员会决定，并报全国人民代表大会常务委员会和国务院备案。

第八条，纳税人的免税、减税项目，应当单独核算销售额或者销售数量；未单独核算或者不能准确提供销售额或者销售数量的，不予免税或者减税。

6.3.2　销售价格含运费，资源税征收特殊

【问题场景】

大象矿业的内蒙古公司从事铁矿开采，属于一般纳税人。集团公司财务总监马冬聘请会计师事务所，对公司进行内控管理审计及税收风险诊断。在查看税收风险诊断报告的初稿时，马冬对报告中存在多缴资源税的内容特别关注，立刻联系财税顾问王永青。

【筹划过程】

> **大象矿业**：王老师，报告中提到公司存在多缴资源税的可能性。我认为公司按送货价结算，销售收入里包含运费是很正常的。

> 您说得对。从增值税的角度来看，无论是自有车辆运输，还是雇用车队运输，按到货价结算，都要满额计算增值税。

> **大象矿业**：对呀，除非是买方自己找车队，或者车队直接和买方结算。否则收入肯定要包含运费的。

> 但是，资源税和增值税的规定不一样。如果外聘运输公司，从坑口到车站、码头或者购买方指定地点的运输费用、建设基金及随运销产生的装卸、仓储、港杂费用都可以从收入中扣除，不用全额计征资源税的。

> **大象矿业**：那估计大家都把两种税的规定搞混了，就我接手这两个月的数据来看，自采原矿的运杂费就有30万元，铁选矿的运杂费80万元。

> 那您可以让会计师事务所帮着查，近三年有多少运杂费多缴税了，可以申请退税。但前提是运杂费的单据必须合理、合法，证据充分。

【筹划工具】

━━━━━━━━━━━ ◆ 剥离运费计算资源税 ◆ ━━━━━━━━━━━

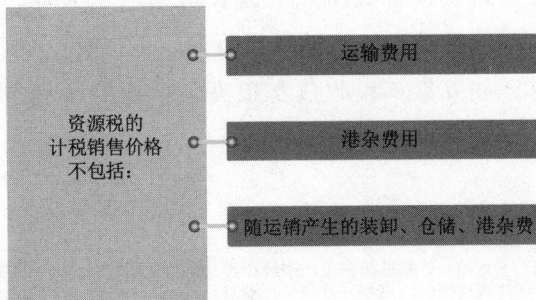

资源税的计税销售价格不包括：
- 运输费用
- 港杂费用
- 随运销产生的装卸、仓储、港杂费

小贴士：每个税种对相同名词也会有不同的解释，所以资源税的计税依据与增值税不同也是正常的。计算不同的税，需要根据各自税种的规定确认计税基础。

【筹划效果】

假设近两个月，自采原矿的销售收入有 3 000 万元，铁选矿的销售收入有 6 000 万元，对应的资源税税率分别为 2％和 1.5％。

筹划前，自采原矿和铁选矿的运杂费都计入销售额中，一起缴纳了资源税。自采原矿和铁选矿的应纳资源税＝3 000×2％＋6 000×1.5％＝150（万元）。

筹划后，全部运杂费取得增值税发票或者其他合法有效凭据，准予从销售额中扣除。自采原矿和铁选矿的应纳资源税＝（3 000－30）×2％＋（6 000－80）×1.5％＝148.2（万元）。

经过筹划，节约资源税 1.8 万元（150－148.2）。

【连线法条】

《财政部 税务总局关于资源税有关问题执行口径的公告》（财政部 税务总局公告 2020 年第 34 号）规定，计入销售额中的相关运杂费用，凡取得增值税发票或者其他合法有效凭据的，准予从销售额中扣除。相关运杂费用是指应税产品从坑口或者洗选（加工）地到车站、码头或者购买方指定地点的运输费用、建设基金，以及随运销产生的装卸、仓储、港杂费用。

6.3.3 电镀环保第一位，降税最先选地区

【问题场景】

天津瑞海公司（以下简称天津瑞海）的赵琳为拓展业务，打通自己企业上下游的产业链，打算在天津成立一家金属电镀加工企业。赵琳找到咨询公司进行可行性研究分析，报告显示，电镀公司用水量大，产生大量的工业废水，仅需要缴纳的环境保护税就高达数千万元。

赵琳很是头疼，如果每年税收成本很高，企业的盈利空间大大受损，便向财税顾问王永青寻求帮助。

【筹划过程】

| 天津瑞海 | 王老师，可行性研究报告中最让我吃惊的是环境保护税。电镀厂实在是个吃水排污的大户，一旦开工几千万元的税，产品做不了多少就要关门了。 |

赵总，其实环境保护税与其他税种不一样，并非全国一个标准。也就是说各地的政策都是不一样的。天津这边的税率是12元/污染当量，公司可以找个税率低的地区建厂呀。

天津瑞海　噢，那您帮我查查山东和辽宁。我的客户主要集中在这两个地区，可以优先考虑在这两个地方建厂。

山东的重金属污水排放是3元/污染当量，辽宁是1.4元/污染当量。还真是都比天津的低。

天津瑞海　这差的可不是一星半点。我再了解这两个地方的招商政策。

赵总，您也可以直接到这两个地区去寻找合适的厂进行并购，这比自己建厂速度更快。

【筹划工具】

选择税率最低的地区建厂

项目的选址决定了环境保护税的高低

【筹划效果】

筹划前，公司需要缴纳近千万元的税款；

筹划后，如果公司建厂在山东地区缴纳税款将减少 75％，建厂在辽宁地区缴纳税款则减少近 90％。

【连线法条】

《中华人民共和国环境保护税法》第六条规定，环境保护税的税目、税额，依照本法所附《环境保护税税目税额表》执行。应税大气污染物和水污染物的具体适用税额的确定和调整，由省、自治区、直辖市人民政府统筹考虑本地区环境承载能力、污染物排放现状和经济社会生态发展目标要求，在本法所附《环境保护税税目税额表》规定的税额幅度内提出，报同级人民代表大会常务委员会决定，并报全国人民代表大会常务委员会和国务院备案。

《天津市人民代表大会常务委员会关于天津市应税大气污染物和水污染物具体适用环境保护税税额的决定》第四条规定，应税水污染物具体适用税额为每污染当量 12 元。

《山东省人民代表大会常务委员会关于山东省应税大气污染物水污染物具体适用税额和同一排放口征收环境保护税的应税污染物项目数的决定》第二条规定，应税水污染物的具体适用税额为 3.0 元/污染当量。

《辽宁省人民代表大会常务委员会关于批准辽宁省应税大气污染物和水污染物环境保护税适用税额调整方案的决议》规定，水污染物拟定税额标准为 1.4 元/污染当量。

第 7 章　特殊行为的涉税规划

　　前六章主要按税种来介绍税收规划的方法。在实际业务中，一些特殊的行为，会同时涉及多种税费的计算和缴纳。本章则重点介绍投资行为及购销行为签订合同时的纳税规划。

7.1 投资行为的涉税规划

企业投资过程中，以及投资后取得分红、股权转让都会形成相应的税收。投资时的出资身份、出资形式、出资区域的选择都会影响到后期的税收额度。因此，提前做好投资规划非常重要。

7.1.1 出资身份如何选，缴税环节考虑全

【问题场景】

晶益集团主要从事服装生产，董事长赵宁认为 3D 服装设计加工，是未来高端服装发展的趋势。赵宁寻找到一个 3D 服装设计的团队。经过与团队负责人李笑笑多次交流，准备一起投资建厂。赵宁联系到财税顾问马迎迪，向其咨询成立新公司的事宜。

【筹划过程】

晶益集团：马老师，这次与李笑笑共同在上海成立新公司，是以自然人身份担任股东好，还是用我的公司做股东好？

赵总，新公司与集团是否有上下游的业务关系？

晶益集团：新公司是集团业务的升级版，对集团业务有很大的作用。我准备派个工厂经理过去负责生产事宜，其他就交给这个团队干。

既然是升级版，又主打高科技，那新公司未来有上市的安排吗？

晶益集团：上市还是有难度的，有机会的话也可以考虑。

获得被投资企业的收益，无非是分红和股权转让。照您的意思，投资这个公司并非为上市或通过转让股权获益，主要是产业延伸、在长期持有股权的情况下获益，我建议公司持股，而非个人。

晶益
集团 ▸ 为什么不能用个人？

法律和财务方面我先不谈，仅从税收角度看，个人分红收益需要缴20%个税，而公司分红收益免税呀。这是国家鼓励公司发展给予的优惠政策。

【筹划工具】

━━━━━━━● 持股平台与自然人出资税种不同 ●━━━━━━━

不同主体持股的相关规定见表7-1。

表7-1 自然人与有限公司持股税款相关规定

收益情形	自然人持股的税款		有限公司持股的税款		
	非上市公司	上市公司	资金留滞情况	被投资企业为非上市公司的税款	被投资企业为上市公司的税款
收到分红	按20％的税率缴个人所得税，持有一年以上的免税		留在公司使用	免税	免税
			公司分配至自然人	按20％的税率缴纳个人所得税	按20％的税率缴纳个人所得税
股权（票）转让	溢价缴纳20％个人所得税	免税	留在公司使用	缴纳企业所得税	缴纳增值税及附加税费、企业所得税
			公司分配至自然人	按20％的税率缴纳个人所得税	按20％的税率缴纳个人所得税

小贴士：

（1）投资上市公司更期待获得股票转让的高额收益，以个人名义持股税负最低。

（2）投资非上市公司更希望通过分红获得长期持有的收益，或投资非上市公司是以对公司实施控制权为目标的，以公司持股税负最低。

（3）投资非上市公司时，是因该公司已经具备上市条件的，以个人名义持股税负最低。

（4）投资非上市公司时，是为了培育该公司上市，但尚未成熟成型。可先以有限公司持股，在拟上市前转为个人持股，则税负最低。

以上四点均以税收角度考虑出资身份的选择，在实际操作中，应全面考虑财务及法律控制关系对出资身份的影响。

【筹划效果】

若获得新企业分配的800万元分红。由个人持股时，分红收益需缴纳个人所得税：800×20％＝160（万元）；由公司持股时，分红收益是免税的。经过筹划，选择由公司持股投资的新公司更合适。

【连线法条】

《中华人民共和国企业所得税法》第二十六条规定，企业的下列收入为免税收入：……（二）符合条件的居民企业之间的股息、红利等权益性投资收益；（三）在中国境内设立机构、场所的非居民企业从居民企业取得与该机构、场所有实际联系的股息、红利等权益性投资收益；

《中华人民共和国企业所得税法实施条例》第八十三条规定，《企业所得税法》第二十六条所称符合条件的居民企业之间的股息、红利等权益性投资收益，是指居民企业直接投资于其他居民企业取得的投资收益。所称股息、红利等权益性投资收益，不包括连续持有居民企业公开发行并上市流通的股票不足 12 个月取得的投资收益。

《中华人民共和国个人所得税法》第三条第（三）项规定，利息、股息、红利所得，财产租赁所得，财产转让所得和偶然所得，适用比例税率，税率为百分之二十。

《财政部 国家税务总局证监会关于上市公司股息红利差别化个人所得税政策有关问题的通知》（财税〔2015〕101 号）第一条规定，个人从公开发行和转让市场取得的上市公司股票，持股期限超过 1 年的，股息红利所得暂免征收个人所得税。个人从公开发行和转让市场取得的上市公司股票，持股期限在 1 个月以内（含 1 个月）的，其股息红利所得全额计入应纳税所得额；持股期限在 1 个月以上至 1 年（含 1 年）的，暂减按 50％计入应纳税所得额；上述所得统一适用 20％的税率计征个人所得税。

第二条规定，上市公司派发股息红利时，对个人持股 1 年以内（含 1 年）的，上市公司暂不扣缴个人所得税；待个人转让股票时，证券登记结算公司根据其持股期限计算应纳税额，由证券公司等股份托管机构从个人资金账户中扣收并划付证券登记结算公司，证券登记结算公司应于次月 5 个工作日内划付上市公司，上市公司在收到税款当月的法定申报期内向主管税务机关申报缴纳。

7.1.2　出资形式用哪种，税收负担要算好

【问题场景】

接 7.1.1 案例，晶益集团董事长赵宁与李笑笑共同投资成立 3D 服装设计有

限公司。双方确定的注册资本 10 000 万元。赵宁想用已有的 3D 设备 1 000 万元和位于上海的一幢办公楼作价 4 000 万元、产品作价 1 000 万元、货币资金 1 000 万元出资；李笑笑用价值 3 000 万元的专利技术出资。有了大概的方向后，赵宁联系到财税顾问马迎迪，咨询出资事宜。

【筹划过程】

晶益集团：马老师，财务人员把出资的资产清单发给您了吧？税收上有什么问题吗？

这次出资要缴不少税。税款并不能作为出资款，所以出资额不能是含税价。

晶益集团：出资还要缴税呀？

用设备与产品出资要缴纳增值税和企业所得税，如果将办公楼投资给全资子公司可以免契税，但是需要缴增值税、土地增值税及企业所得税。投资时需要缴纳的增值税在新公司里可以抵扣进项税，企业所得税税前也可以列支，所以也不能算是多缴税。

晶益集团：那笑笑以专利技术投资，需要缴税吗？

李笑笑的专利技术是个人的，在李笑笑不转让股权的情况下，可以在政策有效期内递延缴纳个人所得税。符合条件还免增值税，前提是到税务局备案。

【筹划工具】

━━━━━━━━● 充分利用出资中的税收优惠政策 ●━━━━━━━━

不同出资方式下，出资方和接受出资方涉及的税种见表 7-2。

表 7-2 不同出资方式下，双方涉及的税种

出资方式	出资方涉及税种	接受出资方涉及税种
货币	—	印花税
不动产	增值税及附加税费、企业所得税或个人所得税、土地增值税（改制重组时以国有土地、房屋进行投资可免）、印花税	契税（出资给全资子公司时、符合条件的分立、合并重组业务可免）、印花税
实物出资（不动产除外）	增值税及附加税费、企业所得税或个人所得税、印花税	印花税
知识产权	增值税及附加税费（符合条件可免）、企业所得税或个人所得税（符合条件可递延）、印花税	印花税

小贴士： 关于投资业务的优惠政策不多，虽然涉及的税种通常较多，但如果增值额不多，税款也不会太多。知识产权出资的政策详见 3.7.2 节内容，不动产出资中关于契税的政策详见 5.3.2 节内容。

【筹划效果】

筹划前，双方直接出资成立新公司，涉及的税种见表 7-3（暂不考虑印花税）。

表 7-3　设立新公司涉及税种

序号	出资方式	涉及税款
1	货币资金	—
2	设备及产品	增值税及附加税、企业所得税
3	办公楼	增值税及附加税、企业所得税、土地增值税、契税
4	专利技术	个人所得税（暂免）

筹划后，由上海晶益棉服有限公司先成立全资子公司，李笑笑再以专利技术增资，涉及的税种见表 7 4（暂不考虑印花税）。

表 7-4　以专利技术出资涉及税种

序号	出资方式	涉及税款
1	货币资金	—
2	设备及产品	增值税及附加税、企业所得税
3	办公楼	增值税及附加税、企业所得税、土地增值税
4	专利技术	个人所得税（暂免）

经过筹划，投资可免契税。

【连线法条】

1. 契税的免税政策详见 5.3.2 节的【连线法条】。

2. 技术成果投资入股递延纳税政策详见 3.7.2 节的【连线法条】。

7.1.3　投资地区很重要，税收问题要算到

【问题场景】

接 7.1.2 案例。晶益集团董事长赵宁与李笑笑商讨出资方式时，李笑笑提出，其实公司并不需要办公楼，更需要合适的厂区和实验室。公司利润较高，增值税及企业所得税都很高，除对当地有税收贡献外，还能带动就业。如果能够获得地方重视，是否可以考虑不在上海建厂？赵宁联系到财税顾问马迎迪，咨询相关事宜。

【筹划过程】

> 去新疆维吾尔自治区霍尔果斯建厂怎么样？

晶益
集团
> 新疆维吾尔自治区太远，就算税款减少了，运输成本和人才成本等都会上升。

> 对，应该综合考虑，不能单纯只考虑税收。还有一个思路，就是开源。缴纳税款是给当地政府提供了资金，所以一些地方政府会设立孵化园区，根据企业为当地作出的贡献给予政策性补贴。

晶益
集团
> 也就是找到有政策性补贴的地区建厂，这相当于降低税收成本了。

> 需要注意一点，政策性补贴款属于补贴收入，应并入应纳税所得额计算企业所得税。

【筹划工具】

政府根据缴纳的税款给予企业补贴

1 入园奖励

2 研发补助

3 税收优惠

4 ……

小贴士：企业充分享受税收优惠政策的情况下，还有开源等手段。一些地方政府，会对当地鼓励的项目给予政策性补贴。只要企业的项目符合要求，即可获得补贴。

【筹划效果】

投资项目涉及 3D 产业，以《芜湖市繁昌区 3D 打印产业发展专项资金扶持政策》为例。经过筹划，公司将设立在芜湖市繁昌区的园区内，这样可享受当地的优惠政策。例如，获得研发补助，补助金额不超过 100 万元，获得厂房租赁补贴、搬迁装修补助等。

【连线法条】

《财政部 国家税务总局关于财政性资金 行政事业性收费 政府性基金有关企业所得税政策问题的通知》(财税〔2008〕151 号) 第一条规定，企业取得的各类财政性资金，除属于国家投资和资金使用后要求归还本金的以外，均应计入企业当年收入总额。

本条所称财政性资金，是指企业取得的来源于政府及其有关部门的财政补助、补贴、贷款贴息，以及其他各类财政专项资金，包括直接减免的增值税和即征即退、先征后退、先征后返的各种税收，但不包括企业按规定取得的出口退税款。

7.2 购销行为的涉税规划

纳税人发生购销行为时，不仅仅会形成增值税，还会涉及印花税、企业所得税等多个税种。因此，在发生购销行为前就应该对后期可能形成的税款进行预测和规划。

7.2.1 税率变化藏风险，合同条款需审慎

【问题场景】

2019 年 4 月，世询公司与成胜公司签订购销合同，成胜公司将从世询公司分次采购多批货物。合同中有一条标明"销货方应当提供税率为 16% 的增值税专用发票"。2019 年 5 月，销售货物的增值税率下调至 13%，公司总经理王嘉立即联系财税顾问马迎迪，咨询合同风险。

【筹划过程】

| 世询公司 | 马老师，税率下降到13%了，但是合同条款约定了要开16%的发票，我以后也开不出来16%的发票了呀？ |

| | 王总，当时签订合同时，合同条款写得这么细致，起草合同的人还是比较严谨的，只是没料到国家税收政策的变化。 |

| 世询公司 | 确实是没考虑到，那现在如何处理？ |

| | 我刚刚看过财务人员发过来的合同电子版本，合同中只列明含税总价款，如果公司坚持不让价，又开不出税率为16%的发票，双方都会比较难办。 |

| 世询公司 | 是否可将含税总价款按16%的税率还原成不含税价，再按13%的税率换算为新的含税总价款。 |

| | 应该可行。但对方如果要求公司直接将总价款下调3%，这对公司很不利。所以以含税价签订总价款合同，是很不利的。最好按不含税价签订合同，再加上一句：本合同的税率随国家政策相应调整。根据现在的情况，建议与对方协商签订补充合同，做好相关约定。 |

【筹划工具】

━━━━━━━━━━● **合同中的税收条款应有兜底条款** ●━━━━━━━━━━

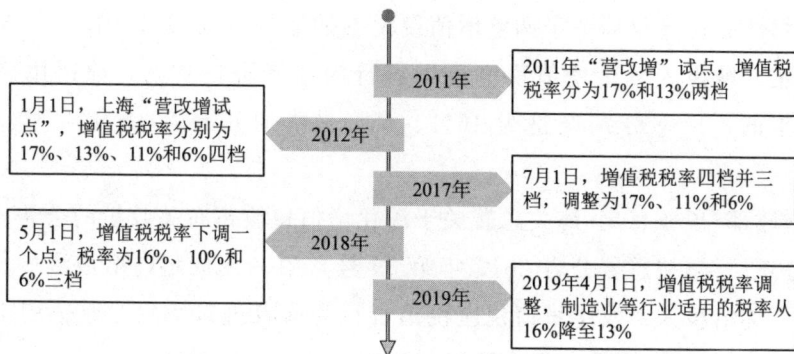

小贴士：此工具适用于所有企业。在签订合同时，特别是建设工程合同、长期供货合同等履约期限较长的业务，应考虑到因政策变动而影响双方利益的可能，谨慎对待合同的价格条款与涉税条款。合同中应以不含税价作为标的物的交易金额，再列示当下税率的情况，最后加上遇到政策性变化，如何处理合同价款的兜底条款。

【筹划效果】

假设货物的总价款为 580 万元，按照合同中约定，提供税率为 16% 的增值税专用发票，货物的不含税价格为 500 万元（580÷1.16）。

筹划前，可能会遇到客户要求总价款直接下调 3% 的情况，调整后总价款为 562.6 万元（580×97%），则货物的不含税价格为 497.88 万元（562.6÷1.13），损失 2.12 万元（500－497.88）。

筹划后，合同增加条款：本合同的税率随国家政策相应调整。

经过筹划，避免了因无法预测的政策变动问题而产生损失。

【连线法条】

调整增值税税率相关政策如下，其中部分文件已失效，但有后续文件出台。

《财政部 国家税务总局关于印发〈营业税改征增值税试点方案〉的通知》（财税〔2011〕110 号）第二条规定，在现行增值税 17% 标准税率和 13% 低税率基础上，新增 11% 和 6% 两档低税率。租赁有形动产等适用 17% 税率，交通运输业、建筑业等适用 11% 税率，其他部分现代服务业适用 6% 税率。

《财政部 税务总局关于简并增值税税率有关政策的通知》（财税〔2017〕37号）规定，自2017年7月1日起，简并增值税税率结构，取消13％的增值税税率。

《财政部 税务总局关于调整增值税税率的通知》（财税〔2018〕32号）第一条规定，纳税人发生增值税应税销售行为或者进口货物，原适用17％和11％税率的，税率分别调整为16％、10％。本通知自2018年5月1日起执行。

《财政部 税务总局 海关总署关于深化增值税改革有关政策的公告》（财政部 税务总局 海关总署公告2019年第39号）第一条规定，增值税一般纳税人（以下称纳税人）发生增值税应税销售行为或者进口货物，原适用16％税率的，税率调整为13％；原适用10％税率的，税率调整为9％。

7.2.2 合同约定代扣税，漏写一句酿大祸

【问题场景】

一般纳税人世询公司的股东李尚杰，拟将股权转让给尚品贸易有限公司。李尚杰与尚品贸易总经理李蓉经沟通后，确定股权转让款3 000万元。股权转让溢价产生的个人所得税由尚品贸易公司承担并代缴。

李尚杰最初的投资款仅为1 000万元，溢价较多。李尚杰将草拟的合同发送给财税顾问马迎迪审核。

【筹划过程】

> 李总，合同的条款很详细，只是在由尚品贸易公司承担税款，并代缴税款这一点，有点问题。

> 世询公司：溢价的应缴个人所得税挺多。所以税款这一条必须这么写，他们负责代缴，他们承担税款。

> 您这个想法没问题。但是谁来承担税款是合同中的商务约定，不代表您的纳税义务转嫁给对方。如果对方没缴税，偷漏税责任仍然是您的。

> 世询公司：那么怎么办？需要对方保证这个税一定要及时上缴，对吧？

> 是的，可以在合同中约定完税时点，并在规定时间内把税票给到您这边，这样就避免了对方并未缴税导致的风险。

<table>
<tr><td>世询
公司</td><td>这个方法很好，合同可以加上这句话。那不给我税票，我是否配合对方，办理股权的过户手续呢？</td></tr>
</table>

可以办理手续，但在合同中要注明不给税票的违约责任。当然，如果对方未及时缴税，您还是需要将税款先及时缴上。

【筹划工具】

代扣代收代缴义务人应及时缴付税款

合同中约定税票缴付时间，
确保代扣代缴义务人及时履行纳税义务

小贴士：代缴股权转让溢价税款，涉及合同方代为履行缴纳税款的义务。但如果对方不及时完税，税款补缴仍为股权转让方的义务。所以合同中约定及时取得税票非常重要，也应约定好代扣代缴义务人及时缴付税票的责任。

【筹划效果】

筹划前，虽然合同中未约定代扣义务人，未缴税及未及时缴付税票的责任。筹划后，明确税款未及时缴纳的违约责任，使得股权转让方没有了纳税风险，也不必承担追索责任的成本。

【连线法条】

《中华人民共和国个人所得税法》第九条规定，个人所得税以所得人为纳税人，以支付所得的单位或者个人为扣缴义务人。

《国家税务总局关于发布〈股权转让所得个人所得税管理办法（试行）〉的公告》（国家税务总局公告 2014 年第 67 号）：

第五条规定，个人股权转让所得个人所得税，以股权转让方为纳税人，以受让方为扣缴义务人。

第六条规定，扣缴义务人应于股权转让相关协议签订后 5 个工作日内，将股权转让的有关情况报告主管税务机关。被投资企业应当详细记录股东持有本企业股权的相关成本，如实向税务机关提供与股权转让有关的信息，协助税务机关依法执行公务。

7.2.3　合同约定包税款，三字损失三百万

【问题场景】

一般纳税人世询公司准备出售位于郊区的厂区。总经理王嘉与购买方李蓉经历了两次谈判，确定土地使用权及厂房共计价款 6 000 万元。由世询公司负责起草合同。王嘉将起草好的合同发送给财税顾问马迎迪审核。

【筹划过程】

> 王总，合同的条款很详细，只是由购买方承担税款这一点，有些问题。

世询公司：我听财务说，转让房地产的税非常高，而且很不好计算，所以我在合同中写明税款都由买方承担，对方也同意了。

> 想法没问题。但是转让房地产涉及的税种中有企业所得税。而企业所得税并非在过户过程中缴纳的，需要在年终汇算清缴时计算。而且如果您的公司有足够的亏损可以弥补，房产转让产生的利润，也无须缴纳企业所得税。

世询公司：明白了，合同中写的是"由乙方承担转让标的物过程中的所有税费"，这么写相当于把企业所得税给剔除在外了。

> 这句话改成："由乙方承担并缴纳转让标的物涉及的所有税费"。同时，在房款和税款的结算时点上要列示清楚。

世询公司："过程中"这三个字，差出一个税种。如果把税种都列清楚，行不行？

> 也可以，写全税种后再加一句，因国家政策变化导致与转让标的物相关的税种发生变化，按新的政策执行。

【筹划工具】

━━━━━━━━━━▶ **税种不同纳税时点也不同** ◀━━━━━━━━

转让房地产涉及不同税种的纳税时间见表 7-5。

表 7-5　转让房产涉及不同税种的缴纳时点

序号	税　种	缴纳时点
1	增值税	纳税人以 1 个月或者 1 个季度为 1 个纳税期的，自期满之日起 15 日内申报纳税。以 1 日、3 日、5 日、10 日或者 15 日为 1 个纳税期的，自期满之日起 5 日内预缴税款，于次月 1 日起 15 日内申报纳税并结清上月应纳税款。

序号	税　种	缴纳时点
2	城市维护建设税	与增值税同时缴纳
3	土地增值税	税务机关核定缴纳期限
4	企业所得税	年末汇算清缴
5	印花税	自季度、年度终了之日起十五日内申报缴纳税款。实行按次计征的，纳税人应当自纳税义务发生之日起十五日内申报缴纳税款
6	契税	办理土地、房屋权属登记手续前缴纳

小贴士： 如果转让房产由对方承担税款，应分清交易过程中产生税款及交易产生税款的差异。由于各种税款的缴纳时点不同，因此，合同中要充分考虑到如何表达，才能体现合同双方的真实意思。

【筹划效果】

筹划前，合同条款为"由乙方承担转让标的物过程中的所有税费"，没有考虑到企业所得税的缴纳时间为年终汇算清缴时，相当于乙方不承担企业所得税。

筹划后，将合同条款改为："由乙方承担转让标的物涉及的所有税费"，并写明房款和税款的结算时点。则买方承担卖方的企业所得税。

经过筹划，因转让房产形成的企业所得税由对方负担。如果房地产的增值额为 1 200 万元，则其影响的企业所得税额为 1 200×25％＝300（万元）。

【连线法条】

《中华人民共和国增值税暂行条例》第二十三条规定，增值税的纳税期限分别为 1 日、3 日、5 日、10 日、15 日、1 个月或者 1 个季度。纳税人的具体纳税期限，由主管税务机关根据纳税人应纳税额的大小分别核定；不能按照固定期限纳税的，可以按次纳税。纳税人以 1 个月或者 1 个季度为 1 个纳税期的，自期满之日起 15 日内申报纳税；以 1 日、3 日、5 日、10 日或者 15 日为 1 个纳税期的，自期满之日起 5 日内预缴税款，于次月 1 日起 15 日内申报纳税并结清上月应纳税款。

《中华人民共和国城市维护建设税法》第七条规定，城市维护建设税的纳税义务发生时间与增值税、消费税的纳税义务发生时间一致，分别与增值税、消费税同时缴纳。

《中华人民共和国土地增值税暂行条例实施细则》（财法字〔1995〕6 号）第十五条规定，纳税人应按照下列程序办理纳税手续：

（一）纳税人应在转让房地产合同签订后的七日内，到房地产所在地主管税务机关办理纳税申报，并向税务机关提缴房屋及建筑物产权、土地使用权证书，土地转让、房产买卖合同，房地产评估报告及其他与转让房地产有关的资料。纳税人因经常发生房地产转让而难以在每次转让后申报的，经税务机关审核同意后，可以定期进行纳税申报，具体期限由税务机关根据情况确定。

（二）纳税人按照税务机关核定的税额及规定的期限缴纳土地增值税。

《中华人民共和国企业所得税法》第五十三条规定，企业所得税按纳税年度计算。纳税年度自公历1月1日起至12月31日止。第五十四条规定，企业应当自年度终了之日起五个月内，向税务机关报送年度企业所得税纳税申报表，并汇算清缴，结清应缴应退税款。

《中华人民共和国印花税法》第十六条规定，印花税按季、按年或者按次计征。实行按季、按年计征的，纳税人应当自季度、年度终了之日起十五日内申报缴纳税款；实行按次计征的，纳税人应当自纳税义务发生之日起十五日内申报缴纳税款。

《中华人民共和国契税法》第十条规定，纳税人应当在依法办理土地、房屋权属登记手续前申报缴纳契税。

第 8 章 分行业的涉税规划

企业在经营活动中，会同时涉及多种税费的计算和缴纳。本章则重点介绍不同行业，在进行整体税收规划时，如何全面考虑多税种的影响，主要包括房地产行业、建筑行业、物流运输行业、服务业、软件信息技术产业和生产制造业的纳税规划。

8.1 房地产企业建设期的涉税规划

房地产企业涉及的税种较多，平均税负也比较高，做好税收规划是降低企业成本的重要工作之一。本节主要介绍房地产企业在建设期的涉税规划。

8.1.1 房型设计有门道，也会影响税款额

【问题场景】

天然集团下设多家子公司，其中山东天建房地产公司（以下简称天建房地产）刚刚成立，并拍得一宗商住地。天建房地产总经理李曜在与设计公司讨论户型设计时，正遇到集团公司财务总监王晓来公司办事。王晓提出，房地产行业涉及税种多、计算复杂，建议李曜多联系集团的财税顾问马迎迪。

【筹划过程】

> **天建房地产**：马老师好，公司今天正在讨论户型设计。王总提醒我向您咨询，在公司筹建期有没有特别关注的税收问题。

> 李总，您在讨论户型啊？主要户型都是多大平方米的？

> **天建房地产**：主要有100平方米、130平方米和145平方米的。

> 145平方米是非普通住宅了，其他两种户型都是普通住宅，这对土地增值税的影响还是挺大的。

> **天建房地产**：马老师，公司这个项目的规划全都是普通住宅啊。

李总，我说的普通住宅是从土地增值税的角度出发。就公司所处的地区，单套房屋建筑面积超过144平方米，就不符合普通住宅的要求了。普通住宅的增值率不超过20%就可以免征土地增值税，而145平方米的房子无论增值率是多少，都要缴税，差异很大。

天建房地产　明白了，那公司把145平方米调到144平方米。

【筹划工具】

税收规划应从筹建期开始

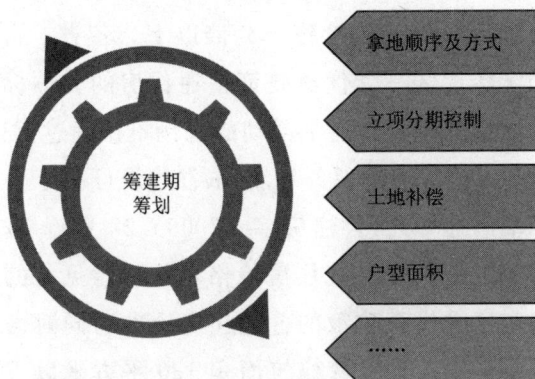

筹建期筹划

拿地顺序及方式

立项分期控制

土地补偿

户型面积

……

小贴士：

（1）房地产企业在筹建期的筹划非常重要，除了案例中对房屋面积的筹划，实践中通过对项目土地拿地顺序及方式的筹划、立项分期控制、土地补偿等问题的不同处理，可以帮助整个项目以最优方案来运作。

（2）由于各省对土地增值税规定的数据，都有制定标准的权力。因此，在进行前期项目规划时，要特别关注各地的政策。

【筹划效果】

筹划前，虽然项目整体规划为普通住宅，但是单套房屋面积超过144平方米，不符合普通住宅的标准，只能被划分为非普通住宅。

筹划后，在筹办期的规划不仅要从房屋设计的角度出发，也要结合税务规定考虑税收问题，充分进行筹划。

经过筹划，避免了项目清算时因不符合普通住宅的标准，而不能享受普通住宅的优惠政策。

【连线法条】

《中华人民共和国土地增值税暂行条例》第八条规定，有下列情形之一的，免征土地增值税：

（一）纳税人建造普通标准住宅出售，增值额未超过扣除项目金额20%的；

（二）因国家建设需要依法征收、收回的房地产。

《国务院办公厅转发建设部等部门关于做好稳定住房价格工作意见的通知》（国办发〔2005〕26 号）第五条规定，对中小套型、中低价位普通住房给予优惠政策支持。享受优惠政策的住房原则上应同时满足以下条件：住宅小区建筑容积率在 1.0 以上、单套建筑面积在 120 平方米以下、实际成交价格低于同级别土地上住房平均交易价格 1.2 倍以下。各省、自治区、直辖市要根据实际情况，制定本地区享受优惠政策普通住房的具体标准。允许单套建筑面积和价格标准适当浮动，但向上浮动的比例不得超过上述标准的 20%。

《山东省财政厅 山东省地方税务局 山东省建设厅关于公布山东省享受优惠政策普通住房标准的通知》（鲁建房字〔2005〕27 号），按照国务院办公厅转发建设部等部门《关于做好稳定住房价格工作的意见》的通知要求，经省政府同意，我省确定享受优惠政策的普通住房标准为同时满足以下条件：住宅小区建筑容积率 1.0 以上、单套建筑面积 120 平方米以下、实际成交价格低于同级别土地上住房平均交易价格 1.2 倍以下。允许单套建筑面积和价格标准适当浮动，上浮比例不得超过 20%。

8.1.2　精装房产有讲究，涉税筹划有办法

【问题场景】

接 8.1.1 案例，天建房地产总经理李曜在进行市场调研时发现，很多来售楼处登记有购房意向的业主，都提出可以支付更多的房款买精装房。李曜想到母公司天然集团旗下设有天成装修公司，不如联手一起打造几栋精品房。想到此处，李曜又想起王晓总监的话，便联系财税顾问马迎迪。

【筹划过程】

| 天建房地产 | 马老师，我想在小区中心选几栋楼，装修成精品房，让天然集团旗下的天成装修公司负责装修。从税收上看，有问题吗？ |

精装房有两种收款模式：一种是天成装修公司和天建房地产分别和业主签订装修和售房协议；一种是天成受天建委托装修，天建卖房。

天建房地产 公司准备选第一种。

我倒建议您选第二种。虽然装修收入含在房价中，但装修费用可以计入房地产开发成本，作为土地增值税的扣除项目扣除。

天建房地产 能按20%+10%加计扣除吗？

可以的，既然规定装修费用可以计入开发成本，就允许土地增值税加计扣除。不过需要注意的是，电视机、壁式空调等可移动家具成本的外购成本不可扣除，具体要看当地规定。

天建房地产 明白了，谢谢马老师。

【筹划工具】

收入成本同时增加降低增值率

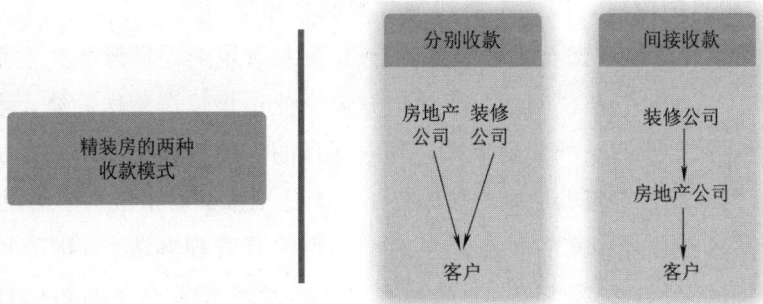

```
精装房的两种
收款模式
```

分别收款
房地产公司　装修公司
客户

间接收款
装修公司
房地产公司
客户

小贴士：

（1）收入成本同时增加，可以降低增值率。对于房地产企业来讲，增值率不同意味着土地增值税套用的税率也不同，因此要特别注重业务操作对增值率的影响。

（2）除了精装修业务，可同时影响收入和成本外，还有能够取得增值税专用发票的代收费用，也是同时影响收入成本的因素。其他类似情况，也都要慎重考虑是否存在同时增加或减少收入和成本的业务，有可能形成对增值率的影响。

【筹划效果】

筹划前，假设房产成本为 200 万元，装修费为 60 万元，天成装修公司与天建房地产分别签订合同，那么房地产的成本仅为 200 万元，在土地增值税汇算清缴时，扣除成本及加计扣除成本总计＝200＋200×30％＝260（万元）。

筹划后，天建房地产土地增值税汇算清缴时，扣除成本及加计扣除成本总计＝260＋260×30％＝338（万元）。

筹划后，天建房地产委托天成装修公司进行装修，在销售时适当提高售价，在清算土地增值税时，装修费用可以作为扣除项目在税前扣除，进而降低增值率，使公司享受免税待遇或适用较低税率。

【连线法条】

《国家税务总局关于房地产开发企业土地增值税清算管理有关问题的通知》(国税发〔2006〕187 号) 第四条规定，房地产开发企业销售已装修的房屋，其装修费用可以计入房地产开发成本。

《住房和城乡建设部 财政部关于印发〈建筑安装工程费用项目组成〉的通知》(建标〔2013〕44 号) 规定，只有构成工程实体的材料费才构成建筑安装工程费的内容。而精装修所用家电、家具不构成工程实体，不符合土地增值税扣除项目的内容，因此不能作为成本项目扣除。

《全面推开营改增试点政策指引（七）》第九条规定，房地产开发企业"买房送装修、送家电"征税问题，房地产开发企业销售住房赠送装修、家电，作为房地产开发企业的一种营销模式，其主要目的为销售住房。购房者统一支付对价，可参照混合销售的原则，按销售不动产适用税率申报缴纳增值税。

《国家税务总局山东省税务局土地增值税清算管理办法》（国家税务总局山东省税务局公告 2022 年第 10 号）规定，房地产开发企业销售已装修的房屋，其装修费用可以计入房地产开发成本。销售已装修的房屋，装修费用不包括房地产开发企业自行采购或委托装修公司购买的家用电器、家具所发生的支出，也不包括与房地产连接在一起、但可以拆除且拆除后无实质性损害的物品所发生的支出。

随房屋一同出售的以房屋为载体，不可随意移动的附属设备和配套设施，如整体中央空调、户式小型中央空调、固定式衣柜橱柜等，其外购成本允许扣除。

8.1.3 房产代销形式多，筹划不好害处多

【问题场景】

2023 年初，天建房地产在一处旅游区附近开发了皇家庭院别墅项目，总

经理李曜看中卓越房产销售公司（以下简称卓越公司）强大的营销能力，便让营销副总经理和卓越公司进行谈判。

经过初步协商，卓越公司要求在约定代销价格内按照销售金额的5％支付佣金，超过代销价格的部分全部归卓越公司。李曜感觉此方式存在问题，便联系财税顾问马迎迪进行询问。

【筹划过程】

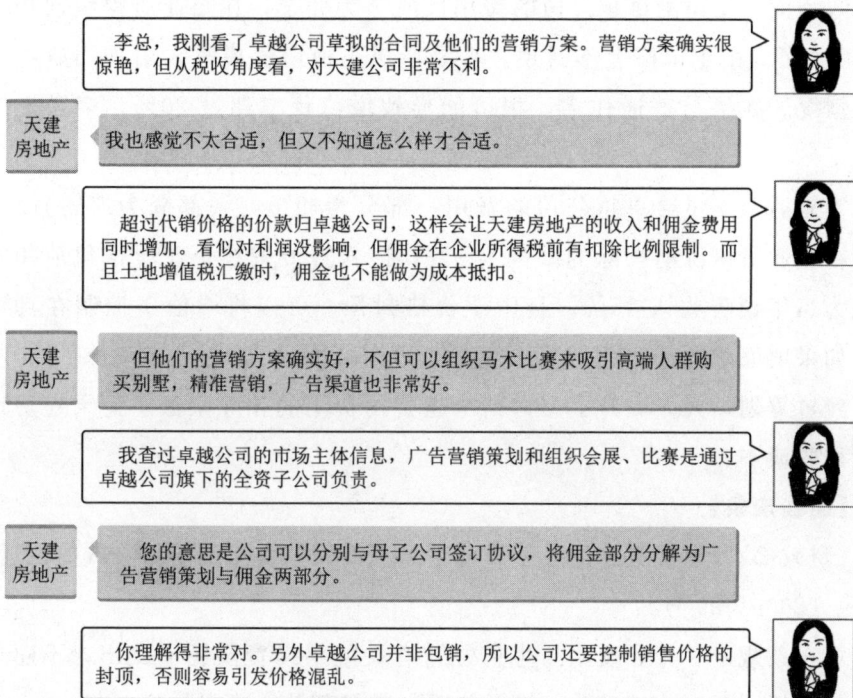

李总，我刚看了卓越公司草拟的合同及他们的营销方案。营销方案确实很惊艳，但从税收角度看，对天建公司非常不利。

天建房地产：我也感觉不太合适，但又不知道怎么样才合适。

超过代销价格的价款归卓越公司，这样会让天建房地产的收入和佣金费用同时增加。看似对利润没影响，但佣金在企业所得税前有扣除比例限制。而且土地增值税汇缴时，佣金也不能做为成本抵扣。

天建房地产：但他们的营销方案确实好，不但可以组织马术比赛来吸引高端人群购买别墅，精准营销，广告渠道也非常好。

我查过卓越公司的市场主体信息，广告营销策划和组织会展、比赛是通过卓越公司旗下的全资子公司负责。

天建房地产：您的意思是公司可以分别与母子公司签订协议，将佣金部分分解为广告营销策划与佣金两部分。

你理解得非常对。另外卓越公司并非包销，所以公司还要控制销售价格的封顶，否则容易引发价格混乱。

【筹划工具】

──────● 广告宣传策划应与佣金严格区分 ●──────

小贴士：

（1）佣金是房地产企业负担较大的一种费用，在计算土地增值税时，不但不能计入房地产的成本，而且也不能加计扣除。所以佣金对土地增值税的负面影响极大。

（2）广告宣传、策划和销售等工作委托同一个团队完成，但由于劳务形式不同，还是可以加以区分的。由于广告宣传费和佣金在企业所得税前扣除的标准不同，区分清楚后分别签订合同还是非常有必要的。

【筹划效果】

筹划前，支付给卓越公司的费用性质全为佣金，在企业所得税前扣除的限额为5%。由于价格上不封顶，容易造成土地增值税收入增加而成本不增加的情况。如果是普通住宅，很可能导致增值税率超过20%，多缴土地增值税。

筹划后，支付给卓越公司的费用一部分为佣金，一部分为广告宣传费。佣金在企业所得税前扣除的限额为5%，广告宣传费在企业所得税前扣除的限额为当年销售收入15%。且由于价格封顶，可以将增值率控制在真实水平。如果增值率低于20%，则会免缴土地增值税。

经过筹划，大大提升了支付给卓越公司费用的扣除限额。为天建房地产降低税收成本。

【连线法条】

《财政部 国家税务总局关于企业手续费及佣金支出税前扣除政策的通知》（财税〔2009〕29号）：

第一条规定，企业发生与生产经营有关的手续费及佣金支出，不超过以下规定计算限额以内的部分，准予扣除；超过部分，不得扣除。

除保险企业以外的其他企业：按与具有合法经营资格中介服务机构或个人（不含交易双方及其雇员、代理人和代表人等）所签订服务协议或合同确认的收入金额的5%计算限额。

第二条规定，企业应与具有合法经营资格中介服务企业或个人签订代办协议或合同，并按国家有关规定支付手续费及佣金。除委托个人代理外，企业以现金等非转账方式支付的手续费及佣金不得在税前扣除。

…………

第五条规定，企业支付的手续费及佣金不得直接冲减服务协议或合同金额，并如实入账。

《国家税务总局关于印发〈房地产开发经营业务企业所得税处理办法〉的通知》(国税发〔2009〕31号)第六条第（四）项规定：采取委托方式销售开发产品的，应按以下原则确认收入的实现：

1. 采取支付手续费方式委托销售开发产品的，应按销售合同或协议中约定的价款于收到受托方已销开发产品清单之日确认收入的实现。

2. 采取视同买断方式委托销售开发产品的，属于企业与购买方签订销售合同或协议，或企业、受托方、购买方三方共同签订销售合同或协议的，如果销售合同或协议中约定的价格高于买断价格，则应按销售合同或协议中约定的价格计算的价款于收到受托方已销开发产品清单之日确认收入的实现；如果属于前两种情况中销售合同或协议中约定的价格低于买断价格，以及属于受托方与购买方签订销售合同或协议的，则应按买断价格计算的价款于收到受托方已销开发产品清单之日确认收入的实现。

《中华人民共和国企业所得税法实施条例》第四十四条规定，企业发生的符合条件的广告费和业务宣传费支出，除国务院财政、税务主管部门另有规定外，不超过当年销售（营业）收入15％的部分，准予扣除；超过部分，准予在以后纳税年度结转扣除。

8.2　房地产企业完工汇缴期的涉税规划

房地产企业在项目完工期间，需要提前做好完工时点的确认、汇缴范围的规划，以及地下车位的销售时间。

8.2.1　完工时点可选择，成本齐全省事多

【问题场景】

2023年7月，天建房地产在旅游区附近开发的别墅项目，取得了预售许可证。总经理李曜与项目经理、卓越公司一起讨论预售合同的具体条款。因为前期已经做了大量销售的铺垫，有超过三分之二的房源已经被提前预订。

所以，卓越公司要求项目经理尽快完成施工，达到交房条件，并希望交房的时点确定在2024年12月31日。李曜感觉这个时间应该对税收有影响，便联系了财税顾问马迎迪。

【筹划过程】

天建房地产：马老师，卓越公司希望把交房的时点确定在2024年12月31日，高效率的楼盘建设，会提高售房效率。

这个我能理解，是否能把时间改成2025年1月1日？

天建房地产：差一天，就像晚了一年，客户体验不一样。

企业所得税是以完工时点确认收入结转时点。2024年刚刚完成施工，工程结算审计完毕才能确定施工成本。收入结转，但成本不全，意味着在2024年会形成应纳税所得额的虚增。2025年成本资料齐全了，形成的亏损就要调整以前年度利润，已经在2024年缴了大量企业所得税，再往回退税，不用我来解释退税的难度有多大吧。

天建房地产：如果交房时点晚一天，不会导致应纳税所得额虚高，那还是很值得的。

【筹划工具】

$\bullet$————— **把控交房时点** —————$\bullet$

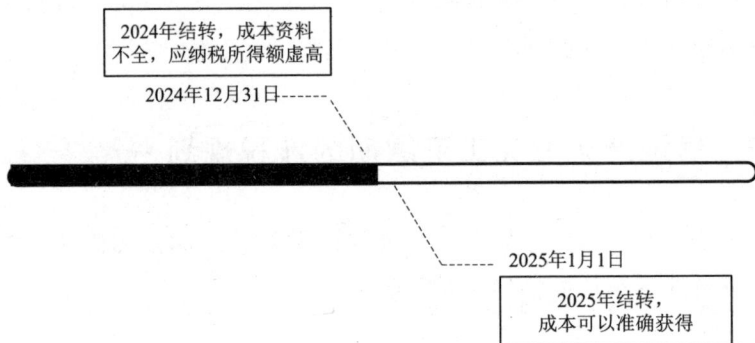

2024年结转，成本资料不全，应纳税所得额虚高

2024年12月31日------

2025年1月1日

2025年结转，成本可以准确获得

小贴士：交房不能被视为已经完工，完工还包括开发产品竣工证明材料已报房地产管理部门备案，以及开发产品已取得初始产权证明。

【筹划效果】

筹划前，交房时点为 2024 年 12 月 31 日，需在 2024 年结转收入，但是 2024 年施工成本不能准确确定，导致应纳税所得额虚高，在 2024 年缴纳大量企业所得税。

筹划后，交房时点延迟一天，改为 2025 年 1 月 1 日，在 2025 年年末结转收入，成本收集的工作可延长一年，成本可准确获得，不用提前垫付企业所得税。

经过筹划，合理安排交房时点，可以大大提升企业资金的利用率，也避免了退税带来的不便。

【连线法条】

《国家税务总局关于房地产开发企业开发产品完工条件确认问题的通知》（国税函〔2010〕201号）规定，房地产开发企业建造、开发的产品，无论工程质量是否通过验收合格，或是否办理完工（竣工）备案手续以及会计决算手续，当企业开始办理开发产品缴付手续（包括入住手续）、或已开始实际投入使用时，应视为开发产品已经完工。房地产开发企业应按规定及时结算开发产品计税成本，并计算企业当年度应纳税所得额。

《国家税务总局关于印发〈房地产开发经营业务企业所得税处理办法〉的通知》（国税发〔2009〕31号）第三条规定，企业房地产开发经营业务包括土地的开发，建造、销售住宅、商业用房以及其他建筑物、附着物、配套设施等开发产品。除土地开发之外，其他开发产品符合下列条件之一的，应视为已经完工：

（一）开发产品竣工证明材料已报房地产管理部门备案。

（二）开发产品已开始投入使用。

（三）开发产品已取得了初始产权证明。

…………

第六条规定，企业通过正式签订《房地产销售合同》或《房地产预售合同》所取得的收入，应确认为销售收入的实现，具体按以下规定确认：

（一）采取一次性全额收款方式销售开发产品的，应于实际收讫价款或取得索取价款凭据（权利）之日，确认收入的实现。

（二）采取分期收款方式销售开发产品的，应按销售合同或协议约定的价款和付款日确认收入的实现。付款方提前付款的，在实际付款日确认收入的实现。

（三）采取银行按揭方式销售开发产品的，应按销售合同或协议约定的价款确定收入额，其首付款应于实际收到日确认收入的实现，余款在银行按揭贷款办理转账之日确认收入的实现。

…………

第三十四条规定，企业在结算计税成本时其实际发生的支出应当取得但未取得合法凭据的，不得计入计税成本，待实际取得合法凭据时，再按规定计入计税成本。

《国家税务总局关于企业所得税应纳税所得额若干税务处理问题的公告》（国家税务总局公告 2012 年第 15 号）第六条规定：根据《中华人民共和国税收征收管理法》的有关规定，对企业发现以前年度实际发生的、按照税收规定应在企业所得税前扣除而未扣除或者少扣除的支出，企业做出专项申报及说明后，准予追补至该项目发生年度计算扣除，但追补确认期限不得超过 5 年。

企业由于上述原因多缴的企业所得税税款，可以在追补确认年度企业所得税应纳税款中抵扣，不足抵扣的，可以向以后年度递延抵扣或申请退税。

8.2.2 地下车位提前卖，综合税款降下来

【问题场景】

天建房地产开发的天水文苑项目共 25 000 平方米，住宅全部销售完毕，但地下车位非常不好卖，一大半都没有销售出去。2023 年初，房产开始陆续缴付，总经理李曜看到财务测算的年末需缴纳的企业所得税后，便咨询财税顾问马迎迪。

【筹划过程】

天建房地产：马老师，今年已经开始交房，签过销售合同或预售合同且符合条件的，需要在今年确认收入了。但地下车位很难销售，相关的亏损不能抵减当期利润，怎么办呢？

地下车位亏损直接计入利润即可，房子不是卖得挺好吗？地下车位为什么会亏损？

天建房地产：地下车位是政策性配套设施，必须建，但是购房者对地下车位不感兴趣，亏本也才卖了不到10套。如果按亏本价格全卖出，预计亏2 000万元。

这就很尴尬了。销售地下车位未来形成的亏损无法抵减今年形成的利润，企业所得税和土地增值税都要多缴。

天建房地产：对，其他房子已经全部卖掉了，今年是要进行土地增值税汇缴的。

我记得你们有个资产管理公司专门处置不良资产的？那不如将地下车位整体打包出售给这个公司，这样车位的收入和成本都可以结转了。

天建房地产：这个办法很好，资产管理公司未来再继续销售车位时，房地产公司还要缴增值税，资产管理公司也要缴纳契税。

【筹划工具】

———————————• 亏损项目要平衡盈利项目的税金 •———————————

房地产开发公司

将地下车库打包销售

资产管理公司

小贴士：很多房地产企业开发的楼盘中，有部分配套的项目不赚反亏，如幼儿园、地下车位、健身房等，也正是有了这些不赚钱的项目带动了整个楼盘的销售。

【筹划效果】

筹划前，地下车位当期很难卖出，不能结转收入与成本，亏损不能抵减当期利润，当期企业所得税和土地增值税虚高。

筹划后，将地下车位打包卖给资产管理公司，当期结转收入与成本，项目增值率降低，土地增值税也相应减少。另外，销售地下车位产生的亏损可以冲减当期利润，减少企业所得税。

资产管理公司购买车位再出售、计算土地增值税与企业所得税时，购买的成本可以税前列支，缴纳的增值税也可以抵扣销项税。但整体测算，如果天建房地产因此减少的企业所得税以及土地增值税更多，那么这个方案就是可行的。

【连线法条】

《国家税务总局关于房地产开发企业土地增值税清算管理有关问题的通知》（国税发〔2006〕187 号）第四条第（三）项规定房地产开发企业开发建造的与清算项目配套的居委会和派出所用房、会所、停车场（库）、物业管理场所、变电站、热力站、水厂、文体场馆、学校、幼儿园、托儿所、医院、邮电通讯等公共设施，按以下原则处理：……3. 建成后有偿转让的，应计算收入，并准予扣除成本、费用。

8.2.3 汇缴范围确定好，选错损失不得了

【问题场景】

2023 年末，天建开发公司开发的天水文苑小区达到土地增值税汇算清缴

的标准。该小区有商业网点、普通住宅、非普通住宅及地下车库。除了地下车库是亏损的以外，其他三类都是盈利的。总经理李曜联系了财税顾问马迎迪，询问土地增值税清算的方法。

【筹划过程】

天建房地产
> 马老师，天水文苑项目马上要进行土地增值税汇缴了，现在财务部门测算了两套方案，税款相差得很大的，发给您看看。

> 方案我看过了。普通住宅和非普通住宅已经分别进行清算，而且计算的数据也都正确。差异主要是非住宅项目上的范围界定。

天建房地产
> 对，这也是我和财务部门有争议的地方。项目中非住宅分为地下车位和商业网点两部分。商业网点利润特别高，地下车位亏损。既然两个都是非住宅，合在一起汇缴，对公司最有利。

> 《天津市地方税务局关于发布〈天津市土地增值税清算管理办法〉的公告》（地税公告2016年第24号）第六条，房地产开发项目中同时包含普通住宅、非普通住宅或其他类型房地产的，应分别进行土地增值税清算。

【筹划工具】

● 分准项目达到税收最优化 ●

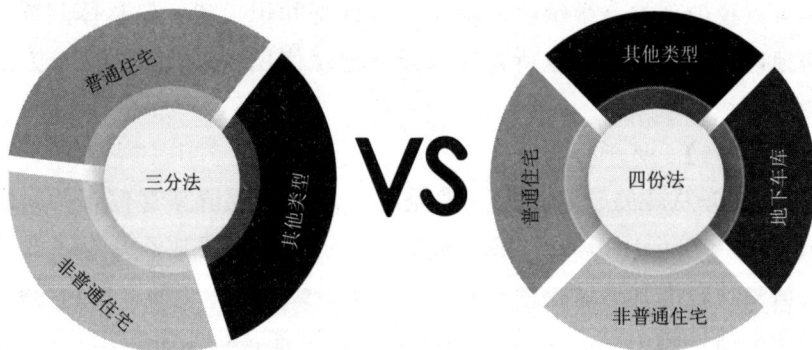

普通住宅 / 三分法 / 其他类型 / 非普通住宅

VS

其他类型 / 普通住宅 / 四份法 / 地下车库 / 非普通住宅

【筹划效果】

房地产开发项目中除普通住宅之外，还包含非普通住宅、商铺、地下车库等。一般来讲，地下车库都是亏损的，非普通住宅略赚，别墅和商铺赚得多。如果全部放在一起算，相当于把地下车库的成本摊到其他增值税较多的产品中，整体增值率降低，土地增值税会减少。如果当地税务局在具体划分上有不同的规定，应按当地的规定执行。

【连线法条】

基本政策如下：

《中华人民共和国土地增值税暂行条例实施细则》第八条规定，土地增值税以纳税人房地产成本核算的最基本的核算项目或核算对象为单位计算。

《国家税务总局关于房地产开发企业土地增值税清算管理有关问题的通知》（国税发〔2006〕187号）第一条规定，土地增值税以国家有关部门审批的房地产开发项目为单位进行清算，对于分期开发的项目，以分期项目为单位清算。开发项目中同时包含普通住宅和非普通住宅的，应分别计算增值额。

《国家税务总局关于印发〈土地增值税清算管理规程〉的通知》（国税发〔2009〕91号）第十七条规定，清算审核时，应审核房地产开发项目是否以国家有关部门审批、备案的项目为单位进行清算；对于分期开发的项目，是否以分期项目为单位清算；对不同类型房地产是否分别计算增值额、增值率，缴纳土地增值税。

《国家税务总局宁波市税务局关于土地增值税清算若干政策问题的公告》（国家税务总局宁波市税务局公告2023年第3号）第一条，土地增值税以规划部门核发的《建设工程规划许可证》所列建设项目为单位进行清算。

一、土地增值税清算单位和预征率的确认

土地增值税以规划部门核发的《建设工程规划许可证》所列建设项目为单位进行清算。清算单位中按普通住宅、非普通住宅和其他类型房地产分别核算增值额和增值率。

普通住宅、非普通住宅和其他类型房地产土地增值税预征率均为2%，保障性住房暂不预征土地增值税。

"普通住宅"的认定：市区按照宁波市人民政府办公厅《关于确定市区普通住房标准的通知》（甬政办发〔2005〕104号）公布的标准执行，其他各地按照当地政府公布的标准实施。对有独立产权且能够单独转让的车位、车库等，按照其他类型房地产核算。

《关于发布〈北京市地方税务局土地增值税清算管理规程〉的公告》（北京市地方税务局公告2016年第7号）第六条规定，房地产开发项目应以国家有关部门审批、备案的项目为单位进行日常管理和清算（以下简称清算单位）。

对于分期开发的项目，可以结合项目实际情况及相关材料进行判定，以确定的分期建设项目作为清算单位。

8.3 建筑企业的涉税规划

建筑企业涉及增值税、城市建设维护税、企业所得税、个人所得税、印花税等多个税种。在营业税改增值税后，建筑企业面临税款计算的复杂性，更要提前做好税收规划。

8.3.1 计税方法有多种，据实选择最有益

【问题场景】

一般纳税人贝希建筑公司的工程项目越来越多，总经理连续聘任的几个财务经理，都因为以往的核算较为混乱不愿意接手，未能留任。总经理胡明一方面继续招聘财务经理，一方面聘请财税顾问马迎迪指导记账会计，清理规范公司的账目。

【筹划过程】

> 胡总，公司的项目真不少。但是账面上对大部分项目未能分清核算，不但无法给您提供有价值的决策依据，也对企业经营也造成很大影响。

贝希建筑
> 为什么呢？

> 公司与晨晨商场的装修合同规定，主要材料几乎都由甲方自购，辅料也就30万元（含税），这就是典型的清包工合同。

贝希建筑
> 是的。这个项目是业务一部刚刚谈成的。

> 这种情况是可以选择增值税简易计税方法按3%缴纳增值税，也可以选择一般计税方法按9%缴纳增值税。但前提是财务要分清核算。

贝希建筑
> 我是一般纳税人，分清账就能按3%缴税？

> 当然可以，但是辅料的进项税额不得抵扣。项目总额有300万元，就算不抵扣也比按9%的税率计算税款划算。

【筹划工具】

● 充分利用简易计税政策 ●

清包工可以选择简易征收，按3%征税率缴纳增值税

小贴士：建筑公司按项目清晰核算非常重要，不同的项目可以采取不同的增值税征税方式。比如，清包工业务的一般纳税人就可以选择简易征收方式。

【筹划效果】

筹划前，采用一般计税方法，应缴增值税＝300÷（1＋9％）×9％－30÷（1＋9％）×9％＝22.29（万元）。

筹划后，采用简易计税方法，辅料的进项税不得抵扣，应缴增值税＝300÷（1＋3％）×3％＝8.74（万元）。

经过筹划，企业减少税款13.55万元（22.29－8.74）。

【连线法条】

《财政部 国家税务总局关于全面推开营业税改征增值税试点的通知》（财税〔2016〕36号）附件2《营业税改征增值税试点有关事项的规定》第七条规定，一般纳税人以清包工方式提供的建筑服务，可以选择适用简易计税方法计税。

以清包工方式提供建筑服务，是指施工方不采购建筑工程所需的材料或只采购辅助材料，并收取人工费、管理费或者其他费用的建筑服务。

8.3.2 甲供材的计税法，如何选择更合理

【问题场景】

接上例，贝希建筑公司在2023年5月中标了一个政府工程项目，合同价约500万元（含税）。账面虽然对收入做了明细核算，但在原材料领用上，明显存在其他项目的原材料混入其中的情况。该项目的原材料是否都能取得增值税专用发票，项目经理也说不明白。财税咨询顾问马迎迪便直接联系总经理胡明。

【筹划过程】

> 胡总，我正在查看5月份中标的政府工程合同。这个项目持续了三个月，合同中规定的主要材料都是由政府指派的厂家供应吧？

贝希建筑：是的，钢材、水泥、商砼都是甲供。

> 那剩下辅助材料石子、木材都能取得增值税专用发票吗？另外，合同中对税款部分没有明确约定。

贝希建筑：这个招标，我还真没操心，是王副总安排的，他对接此项目，没有他，这个项目也不容易中标。

> 这项业务如果不能获得足够的增值专用发票，还不如按简易征收计算增值税。这事能安排王副总与政府补签合同吗？

贝希建筑：是甲供材就可以选择简易征收？那公司的很多项目都可选简易征收方法。如果甲方只供辅助材料呢？

> 税法并未对甲供的数量进行约束，只要是甲供都可以的，哪怕甲方只提供了一批螺丝钉。

【筹划工具】

充分利用简易征收政策

> 甲供材可以选择简易征收，按3%征税率缴纳增值税

小贴士：由于税法并未对甲供材进行明确的量化标准，因此，无论甲方供应的材料数量多少、价值量多小，都可以将其定义为甲供材。只要是甲供材业务，建筑公司就可以选择简易征税。

【筹划效果】

筹划前，采用一般计税方法，应缴增值税 = 500 ÷ (1 + 9%) × 9% = 41.28（万元）。

筹划后，采用简易计税方法，应缴增值税 = 500 ÷ (1 + 3%) × 3% = 14.56（万元）。

经过筹划，降低 26.72 万元。

《财政部 国家税务总局关于全面推开营业税改征增值税试点的通知》(财税〔2016〕36号)附件2《营业税改征增值税试点有关事项的规定》第七条规定，一般纳税人为甲供工程提供的建筑服务，可以选择适用简易计税方法计税。

甲供工程，是指全部或部分设备、材料、动力由工程发包方自行采购的建筑工程。

8.3.3 新老项目税不同，如何界定是关键

【问题场景】

接8.3.2案例，贝希建筑公司的财税顾问马迎迪在审查合同时，发现公司在2015年8月与天建房地产签订的建筑施工合同，开工时间在2015年8月28日。

因为资金和管理层变动等原因，期间没有取得建筑施工许可证。一直停工至2022年底，才取得天建房地产建筑施工许可证，并收到了前期的进度款后，公司恢复施工。

【筹划过程】

> 胡总，天建房地产的项目在2019年开始恢复施工，账面上体现的是预收账款，没给对方开过发票，也没按进度结转过收入吧？

贝希建筑
> 是呀，如果在2015年就取得建筑施工许可证，还可以按老项目采用简易计税核算。现在这种情况就只能先这么挂着了。

> 胡总，我查过了，建筑工程承包合同的开工日期是2015年，可以按老项目适用3%税率简易征税的。

贝希建筑
> 可是工程停工，在2019年重新签订施工合同了，相当于前期那个失效了吧？而且施工许可证也是2019年才取得。

> 那没问题，关键在于合同上标明的开工日期，而且工程确实在2015年开的工，没取得施工许可证也没有关系的。

贝希建筑
> 噢，那就不怕了，企业所得税怎么处理？

> 既然增值税的计税方法确定了，款也按工程进度收回来了，那今年把账目核算清楚，按进度结转收入吧。

【筹划工具】

充分利用简易计税政策

建筑业老项目可简易计税，按照3%征税率缴纳增值税

2016年4月30日

小贴士：对老项目可以适用简易征收办法"营改增"过渡期的特殊政策，随着时间推移，这个政策也就逐渐失去价值。

【筹划效果】

该项目的工程价款为 2 000 万元，可取的进项税额约 40 万元。

筹划前，应缴纳增值税＝2 000÷（1＋9％）×9％－40＝125.14（万元）。

筹划后，应缴纳增值税＝2 000÷（1＋3％）×3％＝58.25（万元）。

经过筹划，减少税款 66.89 万元。

【连线法条】

《国家税务总局关于发布〈房地产开发企业销售自行开发的房地产项目增值税征收管理暂行办法〉的公告》(国家税务总局公告 2016 年第 18 号)：

第三条规定，房地产开发企业以接盘等形式购入未完工的房地产项目继续开发后，以自己的名义立项销售的，属于本办法规定的销售自行开发的房地产项目。

············

第八条规定，一般纳税人销售自行开发的房地产老项目，可以选择适用简易计税方法按照 3‰ 的征收率计税。一经选择简易计税方法计税的，36 个月内不得变更为一般计税方法计税。

房地产老项目，是指：（一）《建筑工程施工许可证》注明的合同开工日期在 2016 年 4 月 30 日前的房地产项目；（二）《建筑工程施工许可证》未注明合同开工日期或者未取得《建筑工程施工许可证》，但建筑工程承包合同注明的开工日期在 2016 年 4 月 30 日前的建筑工程项目。

8.4　提供服务的涉税规划

提供服务需要缴纳的税费主要有增值税、城市建设维护税、教育费附加、企业所得税等，但是很多纳税人在提供服务的同时还会销售商品或者提供建筑、安装一类的服务，那么如何提前做好税收规划就是本节主要介绍的内容。

8.4.1　增加送货上门服务，如何从低选税率

【问题场景】

悦家超市是深受市民喜爱的一家连锁超市，商品种类丰富、价格亲民。从开始的社区小商店到现在的大型连锁超市，悦家超市陪伴着一代又一代人的成长。悦家超市除了零售外，还有批发业务，很多批发业务的客户都希望悦家超市可以提供配送服务。集团董事长王悦对客户的意见非常重视，决定针对批发业务的客户，发展送货上门服务。

【筹划过程】

> **悦家超市**：马经理，我最近在考虑发展送货配送服务。建立一个自己的车队负责配送，服务好了也可以多收点钱，税收方面有什么规定吗？

> 配送服务会涉及货物仓储、分拣、运输、搬运，这些服务的适用税率是6%。但多收的钱对于公司来说相当于销售货物，这两类业务就算能分别清晰核算，也和销售商品收入合并按13%缴纳增值税。

> **悦家超市**：我将此项业务剥离出来，专门成立一家公司，您看可行吗？

> 可以，成立配送子公司，提供配送服务，与悦家超市分别给客户开发票。

【筹划工具】

将产业链分割成不同的纳税主体

销售、运输	→	销售	运输
一家公司负责		销售公司	配送公司

小贴士：销售业务与运输业务的分割，是将产业链中适用不同税率的业务分割到不同的公司。只要产业链中涉及适用不同税率的业务，都可以采用分割业务至不同公司的方法。

假设批发业务年销售收入为 500 万元，进货成本为 400 万元，在销售过程中送货产生的运输收入为 20 万元。均为不含税价。

筹划前，设立车队，运输收入需要和销售商品收入合并，按 13％ 的税率缴纳增值税。

应纳增值税 ＝（500＋20）×13％－400×13％＝15.6（万元）。

筹划后，成立配送子公司提供配送服务，与悦家超市分别给客户开发票。

应纳增值税 ＝500×13％－400×13％＋20×6％＝14.2（万元）。

经过筹划，降低 1.4 万元（15.6－14.2）。

【连线法条】

《中华人民共和国增值税暂行条例实施细则》第十二条规定，价外费用包括价外向购买方收取的手续费、补贴、基金、集资费返还利润、奖励费、违约金（延期付款利息）、包装费、包装物租金、储备费、运输装卸费、代收款项、代垫款项及其他各种性质的价外收费。

但同时符合以下条件的代垫运费不包括在内：

（一）承运部门的运费发票开具给购货方的；

（二）纳税人将该项发票转交给购货方的。

8.4.2　设备安装与服务，分别核算好处多

【问题场景】

安钢设备是增值税一般纳税人，主要业务是销售自产机器设备，同时也提供安装服务和后期的技术服务。在翻看以往的税收风险诊断报告时，董事长方华关注到技术服务收入的税率远低于设备销售适用的税率。于是立即与财税顾问马迎迪咨询。

【筹划过程】

安钢设备：马总，技术服务收入的税率远低于设备销售的税率，那公司现在都是按 13％ 的税率缴的，这不是多缴税了吗？

方总，有没有多缴还要看两个细节：一是合同是否能够分清销售与技术服务的价格；二是能否准确核算两种业务的成本与收入。

安钢设备：内部管理容易分清，但是合同中公司注明提供技术服务的。

提供服务就是分不清，按13%缴就不冤啊。今后能分清，并且客户也同意您公司开具增值税税率为6%的维护费发票，公司就可以减轻税负。

安钢设备

对方对增值税专用发票没有要求，合同相关条款改为含税总价115万元，包含设备90万元，安装调试费10万元，三年技术服务费15万元。这样算不算分清了？

算，如果安装和技术部门成为分公司，分别核算就更清晰。安装税率为9%、技术服务为6%。

【筹划工具】

● 将产业链分割成不同的纳税主体 ●

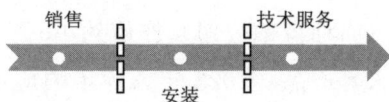

【筹划效果】

筹划前，未分别核算，需要从高适用税率。

应缴增值税＝（90＋10＋15）÷（1＋13%）×13%＝13.23（万元）。

筹划后，将安装和技术部门设置成为小规模纳税人身份的分公司。

合计应缴增值税＝90÷（1＋13%）×13%＋（10＋15）÷（1＋3%）×3%＝11.08（万元）。

经过筹划，降低2.15万元（13.23－11.08），税负可降低16.25%。

【连线法条】

《国家税务总局关于进一步明确营改增有关征管问题的公告》（国家税务总局公告2017年第11号）第一条规定，纳税人销售活动板房、机器设备、钢结构件等自产货物的同时提供建筑、安装服务，不属于混合销售，应分别核算货物和建筑服务的销售额，分别适用不同的税率或者征收率。

《国家税务总局关于明确中外合作办学等若干增值税征管问题的公告》（国家税务总局公告2018年第42号）第六条规定：

一般纳税人销售自产机器设备的同时提供安装服务，应分别核算机器设备和安装服务的销售额，安装服务可以按照甲供工程选择适用简易计税方法计税；

一般纳税人销售外购机器设备的同时提供安装服务，如果已经按照兼营的有关规定，分别核算机器设备和安装服务的销售额，安装服务可以按照甲供工程选择适用简易计税方法计税。纳税人对安装运行后的机器设备提供的维护保养服务，按照"其他现代服务"缴纳增值税。

8.5 软件信息技术业的涉税规划

软件信息技术行业的税收优惠政策比较多，利用好优惠政策在降低税负的同时，响应国家号召增加软件研发的投入。

8.5.1 软件企业优惠多，如何算税有文章

【问题场景】

盈钢有限公司（以下简称盈钢公司）产值约 10 亿元，公司主要生产加工各种大型机械设备、机床等产品。2023 年，为了顺应市场发展，公司决定增加数控机床项目。根据客户的需求定制不同的数控软件，加深产品与使用者的契合度。为此，公司需要增设研发部门，进行配套操作软件和相关技术的开发。盈钢有限公司的总经理赵新联系公司的财税顾问马老师咨询一些事情。

【筹划过程】

> **盈钢公司**：马老师，这次数控机床项目利润率远远超过原来的传统机床。如果增收2 000万元，利润就能达到1 000万元。

> 既然增加研发部门，公司可以申请高新技术企业吗？这样所得税率就从现在的25%降到15%了。

> **盈钢公司**：财务人员测算过，收入比例和研发人员比例达不到要求。我不想造假。

> 可以把软件和技术研发部门分拆，将技术研发部门留在公司，只把软件研发部门剥离出来，成立一个A软件公司。

> **盈钢公司**：这样A公司就可以申请高新技术企业认定，享受15%的所得税率吗？为啥要把技术研发部门留在企业？

> 因为软件企业可以享受"两免三减半"政策，即使过了5年优惠期，还可再申请高新企业。

【筹划工具】

━━━━━━━━━━● 充分享受软件企业优惠政策 ●━━━━━━━━

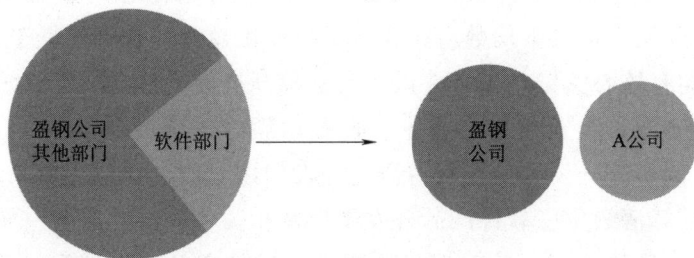

小贴士：国家对于软件研发企业的政策支持，是所有技术研发中力度最大的。将软件团队独立成立公司，不但可以充分享受税收优惠政策，也有利研发团队的自主性。

【筹划效果】

筹划前，新项目增加的 2 000 万元收入每年需要按照 25％的税率缴纳企业所得税。

筹划后，新设立的 A 公司自获利年度起，第 1～2 年免企业所得税，第3～5 年按照 12.5％缴纳企业所得税，第 6 年申请高新技术企业认定，往后按照 15％的税率缴纳企业所得税。

经过筹划，企业所得税大幅度下降。

【连线法条】

《财政部 税务总局 发展改革委 工业和信息化部关于促进集成电路产业和软件产业高质量发展企业所得税政策的公告》(财政部 税务总局 发展改革委 工业和信息化部公告 2020 年第 45 号) 第三条规定，国家鼓励的集成电路设计、装备、材料、封装、测试企业和软件企业，自获利年度起，第一年至第二年免征企业所得税，第三年至第五年按照 25％的法定税率减半征收企业所得税。

《中华人民共和国工业和信息化部 国家发展改革委 财政部 国家税务总局公告》(2021 年第 10 号) 规定，国家鼓励的软件企业是指同时符合下列条件的企业：

（一）在中国境内（不包括港、澳、台地区）依法设立，以软件产品开发及相关信息技术服务为主营业务并具有独立法人资格的企业；该企业的设立具有合理商业目的，且不以减少、免除或推迟缴纳税款为主要目的；

（二）汇算清缴年度具有劳动合同关系或劳务派遣、聘用关系，其中具有本科及以上学历的月平均职工人数占企业月平均职工总人数的比例不低于40％，研究开发人员月平均数占企业月平均职工总数的比例不低于25％；

（三）拥有核心关键技术，并以此为基础开展经营活动，汇算清缴年度研究开发费用总额占企业销售（营业）收入总额的比例不低于7％，企业在中国境内发生的研究开发费用金额占研究开发费用总额的比例不低于60％；

（四）汇算清缴年度软件产品开发销售及相关信息技术服务（营业）收入占企业收入总额的比例不低于55％〔嵌入式软件产品开发销售（营业）收入占企业收入总额的比例不低于45％〕，其中软件产品自主开发销售及相关信息技术服务（营业）收入占企业收入总额的比例不低于45％〔嵌入式软件产品开发销售（营业）收入占企业收入总额的比例不低于40％〕；

（五）主营业务或主要产品具有专利或计算机软件著作权等属于本企业的知识产权；

（六）具有与软件开发相适应的生产经营场所、软硬件设施等开发环境（如合法的开发工具等），建立符合软件工程要求的质量管理体系并持续有效运行；

（七）汇算清缴年度未发生重大安全事故、重大质量事故、知识产权侵权等行为，企业合法经营。

本公告自 2020 年 1 月 1 日起执行，由工业和信息化部会同国家发展改革委、财政部、税务总局负责解释。

《中华人民共和国企业所得税法》第二十八条规定，符合条件的小型微利企业，减按 20％的税率征收企业所得税。国家需要重点扶持的高新技术企业，减按 15％的税率征收企业所得税。

8.5.2　软件行业独立做，增值税上有账算

【问题场景】

接 8.5.1 中案例，盈钢公司的总经理赵新准备按财务顾问马迎迪的意见，将软件研发部门独立出来，成立盈图软件公司（以下简称盈图公司）。

但是财务人员提醒赵总，独立核算的盈图公司销售软件时，需要按 13％的税率计算缴纳增值税。软件公司的成本主要是依靠人工，只能取得少量的增值税进项税发票，这将导致盈图公司的增值税税负过高。虽然企业所得税的问题解决了，增值税的问题又出现了。赵新立即联系财税顾问马迎迪。

【筹划过程】

> **盈钢公司**：马老师，这个方案解决了企业所得税的问题，但是增值税怎么办？盈图公司没有进项税可以抵扣，对于团队来讲，压力不小。

> 赵总，这也是我建议只将软件研发部门剥离出来的原因。软件公司除了在企业所得税上有优惠政策，在增值税上还有即征即退政策。实际税负如果超过3%，对超过的部分实行即征即退。

> **盈钢公司**：噢，看来是我当初没有理解透您出的主意。新成立的盈图公司的所有销售都可以按照这个标准办理即征即退吗？

> 只有盈图公司自行开发并销售的软件产品，才可以享受这个政策。如果是受托开发软件，没有软件著作权，那取得的服务费不能按销售软件产品缴纳增值税。也无法享受即征即退的优惠政策，类似的软件安装收入、维护收入等也不能享受优惠政策。

【筹划工具】

充分利用软件行业的税收优惠政策

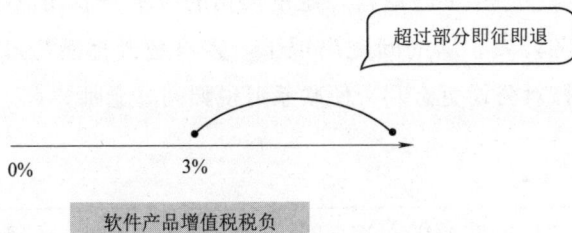

超过部分即征即退

0%　　　　3%

软件产品增值税税负

【筹划效果】

筹划前，销售软件产品的增值税税率为13％。

筹划后，享受软件产品优惠政策，对其增值税实际税负超过3％的部分实行即征即退政策。

经过筹划，减轻了盈图公司的增值税税负。

【连线法条】

《财政部 国家税务总局关于软件产品增值税政策的通知》（财税〔2011〕100号）规定：

一、软件产品增值税政策

（一）增值税一般纳税人销售其自行开发生产的软件产品，按17％税率征收增值税后，对其增值税实际税负超过3％的部分实行即征即退政策。

（二）增值税一般纳税人将进口软件产品进行本地化改造后对外销售，其销售的软件产品可享受本条第一款规定的增值税即征即退政策。

《财政部 税务总局关于调整增值税税率的通知》（财税〔2018〕32号）第一条规定，纳税人发生增值税应税销售行为或者进口货物，原适用17％和11％税率的，税率分别调整为16％、10％。本通知自2018年5月1日起执行。

《财政部 税务总局 海关总署关于深化增值税改革有关政策的公告》（2019年第39号）第一条规定，增值税一般纳税人（以下称纳税人）发生增值税应税销售行为或者进口货物，原适用16％税率的，税率调整为13％；原适用10％税率的，税率调整为9％。

8.5.3　软件行业受益大，下游公司也沾光

【问题场景】

接8.5.2案例，赵新按财税顾问马老师的意见，将软件研发部门独立出来，成立盈图公司。经历一年多的运营，盈钢公司的技术研发团队继续根据客户要求进行技术调试和开发。新的问题出现了，客户是否直接与盈图公司签订呢？赵新不知如何选择对公司更有利，便联系财税顾问马老师。

【筹划过程】

> 赵总，盈图公司作为盈钢公司的配套公司，根据提供的服务类型，有多种操作模式可以选择。

盈钢 有哪几种操作模式？您都讲一讲。

> 第一，盈图公司研发的软件作为盈钢公司的基础软件，研发成功形成无形资产，可以按200%加计扣除；第二，盈图公司的软件销售给盈钢公司作为配套软件工具，再由盈钢公司将软件和机床设备一同销售给客户，相当于盈钢公司的成本。

盈钢 也就是说，盈图公司给盈钢公司开的发票，计入盈钢公司的成本，还是计入研发费用是可以选择的？

> 具体要看软件的用途，确属研发使用，当然可以进入研发。

盈钢 那盈图公司享受了即征即退的增值税政策，还能给盈钢公司开增值税率为13%的发票吗？

> 可以。

【筹划工具】

———————————● 充分利用优惠政策 ●———————————

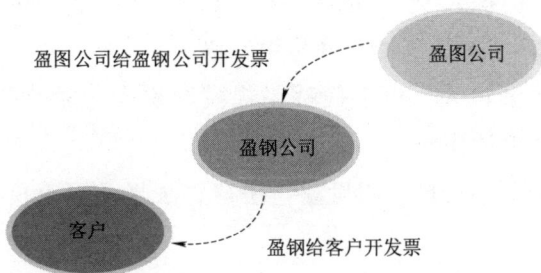

【筹划效果】

经过筹划，盈钢公司采购盈图公司开发的软件，增值税可全额抵扣，软件还可以通过无形资产摊销计入盈钢的研发支出，在税前按 200％加计扣除。

【连线法条】

《关于进一步完善研发费用税前加计扣除政策的公告》（财政部 税务总局公告 2023 年第 7 号）规定：

一、企业开展研发活动中实际发生的研发费用，未形成无形资产计入当期损益的，在按规定据实扣除的基础上，自 2023 年 1 月 1 日起，再按照实际发生额的 100％在税前加计扣除；形成无形资产的，自 2023 年 1 月 1 日起，按照无形资产成本的 200％在税前摊销。

二、企业享受研发费用加计扣除政策的其他政策口径和管理要求，按照《财政部 国家税务总局 科技部关于完善研究开发费用税前加计扣除政策的通知》（财税〔2015〕119 号）、《财政部 税务总局 科技部关于企业委托境外研究开发费用税前加计扣除有关政策问题的通知》（财税〔2018〕64 号）等文件相关规定执行。

三、本公告自 2023 年 1 月 1 日起执行，《财政部 税务总局关于进一步完善研发费用税前加计扣除政策的公告》（财政部 税务总局公告 2021 年第 13 号）、《财政部 税务总局 科技部关于进一步提高科技型中小企业研发费用税前加计扣除比例的公告》（财政部 税务总局 科技部公告 2022 年第 16 号）、《财政部 税务总局 科技部关于加大支持科技创新税前扣除力度的公告》（财政部 税务总局 科技部公告 2022 年第 28 号）同时废止。

《国家税务总局关于修订〈增值税专用发票使用规定〉的通知》(国税发

〔2006〕156 号）第十条规定，一般纳税人销售货物或者提供应税劳务，应向购买方开具专用发票。

商业企业一般纳税人零售的烟、酒、食品、服装、鞋帽（不包括劳保专用部分）、化妆品等消费品不得开具专用发票。

增值税小规模纳税人（以下简称小规模纳税人）需要开具专用发票的，可向主管税务机关申请代开。

销售免税货物不得开具专用发票，法律、法规及国家税务总局另有规定的除外。

《国家税务总局关于增值税发票管理等有关事项的公告》（国家税务 总局公告 2019 年第 33 号）第五条，增值税小规模纳税人（其他个人除外）发生增值税应税行为，需要开具增值税专用发票的，可以自愿使用增值税发票管理系统自行开具。选择自行开具增值税专用发票的小规模纳税人，税务机关不再为其代开增值税专用发票。

8.6 生产制造业的涉税规划

本节主要介绍老板应该合理发放工资、包装物回收及销售签约的税收规划。

8.6.1 老板工资怎么发，多发少发学问大

【问题场景】

刘灏夫妇共同创办了西西公司，经历了三年的艰苦创业，公司年利润近百万元。2023 年初，西西公司签订了一个区域的总代理，刘灏估计到年末公司利润能达到近千万元。

为了公司更好更快地发展，刘灏聘请了财税顾问马迎迪，加强公司治理、规范业务。

【筹划过程】

> 西西公司：马老师，下一步我想开展股权激励，提高员工积极性。同时也要规范公司治理，走向正轨，税收与财务都不能出问题。

我非常赞成您的想法。首先您要做到公私分明，先从公司给你自己发工资开始哈。不能缺钱就去公司拿，公私不分。

西西公司：您说得对，您帮我算算，怎么发工资最合适？

老板的工资发多少，这就很有讲究了。分红的个人所得税是20%，工资的个税最高是45%，但是工资支出又可以抵减企业所得税。而这几年企业所得税优惠政策很多，企业所得税的税负从2.5%到25%不等。发多少，是要很好地计算。

西西公司：这么说，发工资也有筹划空间，经营合规非常有必要，这样未来进行股权激励，员工也更加相信公司。

当然了，回头我会根据不同情况发放工资的清单转给你和会计。如果政策又有变化，我会重新调整计算表再发给您的。

【筹划工具】

在个人所得税与企业所得税间寻求平衡

公司规模不同，利润不同，老板给自己开的工资也应不同。具体发多少，需要通过测算得出最优方案。降低税负的原理是老板领的工资，相应地减少企业的利润，减少企业所得税应纳税所得额，从而减少应缴企业所得税。公司需要计算的是，老板领工资和分红两种手段如何组合，企业所得税和个人所得税的综合税负最低。

此工具是为案例中的刘灏量身制定，刘灏年度各项扣除费用共计84 000元（包括 60 000 元基本费用、12 000 元子女教育费用、12 000 元赡养老人费用）。想要使用此工具的读者需要根据实际情况自行测算。

如果刘灏通过工资的方式从公司获取报酬，需要缴纳个人所得税，表 8-1 为综合所得适用税率：

表 8-1　综合所得适用税率

	全年应纳税所得额	税率（%）	速算扣除数
1	不超过 36 000 元的	3	0
2	超过 36 000 元至 144 000 元的	10	2 520
3	超过 144 000 元至 300 000 元的	20	16 920
4	超过 300 000 元至 420 000 元的	25	31 920
5	超过 420 000 元至 660 000 元的	30	52 920
6	超过 660 000 元至 960 000 元的	35	85 920
7	超过 960 000 元的	45	181 920

如果刘灏通过分红的方式拿钱，需要缴两道税：企业所得税和个人所得税。分红的红利所得个税税率是20%，企业所得税的税负率：一般企业是25%，高新技术企业是15%，小微企业300万元应纳税所得额以内是5%。

下面通过举例说明。

情况一：西西公司符合小微企业条件，享受小微企业的优惠税率。

（1）西西公司利润预计为1 000 000元（没有需调整项），刘灏想从公司拿走60%的利润（600 000元），见表8-2。

表8-2　获取分红与领工资对应的应缴税款

金额单位：元

工资	工资个税	应纳税所得额	企业所得税	分红	分红个税	税负合计
0	0	1 000 000	50 000	600 000	120 000	170 000
84 000	0	916 000	45 800	516 000	103 200	149 000
120 000	1 080	880 000	44 000	480 000	96 000	141 080
228 000	11 880	772 000	38 600	372 000	74 400	124 880
384 000	43 080	616 000	30 800	216 000	43 200	117 080
504 000	73 080	496 000	24 800	96 000	19 200	117 080
600 000	101 880	400 000	20 000	0	0	121 880

小结：通过测算可以看出，最优方案是通过发放384 000元工资与分红216 000元的组合方式，此时个税税率为20%。

（2）西西公司利润预计为2 000 000元，刘灏想从公司拿走60%的利润（1 200 000元）。两种方式对应的应缴税款见表8-3。

表8-3　两种方式对应的应缴税款

金额单位：元

工资	工资个税	应纳税所得额	企业所得税	分红	分红个税	税负合计
0	0	2 000 000	100 000	1 200 000	240 000	340 000
84 000	0	1 916 000	95 800	1 116 000	223 200	319 000
120 000	1 080	1880000	94 000	1 080 000	216 000	311 080
228 000	11 880	1772000	88 600	972 000	194 400	294 880
384 000	43 080	1616000	80 800	816 000	163 200	287 080
504 000	73 080	1496000	74 800	696 000	139 200	287 080
744 000	145 080	1256000	62 800	456 000	91 200	299 080
1 044 000	250 080	956000	47 800	156 000	31 200	329 080
1 200 000	320 280	800000	40 000	0	0	360 280

小结：通过测算可以看出，最优方案为发放 384 000 元或 504 000 元，工资与分红 816 000 元或 696 000 元，这两个方案税负相等，企业可以选其一。

情况二：公司不符合小微企业条件，企业所得税税率为 25%。公司利润预计为 6 000 000 元，刘灏想从公司拿走 60%的利润（3 600 000 元）。两种方式对应的应缴税款见表 8-4。

表 8-4　两种方式对应的应缴税款

金额单位：元

工资	工资个税	应纳税所得额	企业所得税	分红	分红个税	税负合计
0	0	6 000 000	1 500 000	3 600 000	720 000	2 220 000
84 000	0	5 916 000	1 479 000	3 516 000	703 200	2 182 200
120 000	1 080	5 880 000	1 470 000	3 480 000	696 000	2 167 080
228 000	11 880	5 772 000	1 443 000	3 372 000	674 400	2 129 280
384 000	43 080	5 616 000	1 404 000	3 216 000	643 200	2 090 280
504 000	73 080	5 496 000	1 374 000	3 096 000	619 200	2 066 280
744 000	145 080	5 256 000	1 314 000	2 856 000	571 200	2 030 280
1 044 000	250 080	4 956 000	1 239 000	2 556 000	511 200	2 000 280
3 600 000	320 280	2 400 000	600 000	0	0	920 280

小结：通过测算可以看出，领工资比直接分红划算。

小贴士：以上计算分析较为粗略，实际操作中，还需要具体情况具体分析，要注意老板的薪酬应与企业本身的薪酬体系衔接，也可考虑工资加年终奖的方式，即综合所得与全年一次性奖金的规划。

【筹划效果】

筹划前，老板刘灏不领工资，与公司之间"公私不清"。

筹划后，老板也发工资。

经过筹划，有利于建立合理的薪酬制度，为公司的长远发展奠定基础。另外，给老板发工资可以增加成本，降低利润，企业所得税和分红个人所得税也会相应降低，可以省下一笔钱。

【连线法条】

《中华人民共和国企业所得税法》第八条规定，企业实际发生的与取得收入有关的、合理的支出，包括成本、费用、税金、损失和其他支出，准予在计算应纳税所得额时扣除。

第二十八条规定，符合条件的小型微利企业，减按 20％的税率征收企业所得税。国家需要重点扶持的高新技术企业，减按 15％的税率征收企业所得税。

《财政部 税务总局关于实施小微企业普惠性税收减免政策的通知》（财税〔2019〕13 号）第二条规定，对小型微利企业年应纳税所得额不超过 100 万元的部分，减按 25％计入应纳税所得额，按 20％的税率缴纳企业所得税；对年应纳税所得额超过 100 万元但不超过 300 万元的部分，减按 50％计入应纳税所得额，按 20％的税率缴纳企业所得税。

《财政部 税务总局关于实施小微企业和个体工商户所得税优惠政策的公告》（财政部 税务总局公告 2021 年第 12 号）规定，对小型微利企业年应纳税所得额不超过 100 万元的部分，在（财税〔2019〕13 号）第二条规定的优惠政策基础上，再减半征收企业所得税。

《财政部 税务总局关于进一步实施小微企业所得税优惠政策的公告》（财政部 税务总局公告 2022 年第 13 号）规定：对小型微利企业年应纳税所得额超过 100 万元但不超过 300 万元的部分，减按 25％计入应纳税所得额，按 20％的税率缴纳企业所得税。

《中华人民共和国个人所得税法》第三条，个人所得税的税率：

（一）综合所得，适用百分之三至百分之四十五的超额累进税率；

（二）经营所得，适用百分之五至百分之三十五的超额累进税率；

（三）利息、股息、红利所得，财产租赁所得，财产转让所得和偶然所得，适用比例税率，税率为百分之二十。

…………

第六条　应纳税所得额的计算

（一）居民个人的综合所得，以每一纳税年度的收入额减除费用六万元及专项扣除、专项附加扣除和依法确定的其他扣除后的余额，为应纳税所得额。

（二）非居民个人的工资、薪金所得，以每月收入额减除费用五千元后的余额为应纳税所得额；劳务报酬所得、稿酬所得、特许权使用费所得，以每次收入额为应纳税所得额。

（三）经营所得，以每一纳税年度的收入总额减除成本、费用以及损失后的余额，为应纳税所得额。

（四）财产租赁所得，每次收入不超过四千元的，减除费用八百元；四千元以上的，减除百分之二十的费用，其余额为应纳税所得额。

（五）财产转让所得，以转让财产的收入额减除财产原值和合理费用后的余额，为应纳税所得额。

（六）利息、股息、红利所得和偶然所得，以每次收入额为应纳税所得额。

8.6.2　不要小看包装物，筹划思路要记住

【问题场景】

安全车辆制造公司（简称安全车辆制造）2023 年 3 月销售气缸容量为 250 毫升的摩托车 1 000 辆，每辆摩托车的销售价格为 30 000 元。公司选择了一种可回收利用的包装物，成本 1 000 元，但如果回收再利用只需要 500 元。总经理路飞与财税顾问马迎迪进行沟通。

【筹划过程】

> **安全车辆制造**：马老师，我总感觉新上的这种可回收利用包装物，销售后再回收，是在反复缴税？

> 目前，摩托车的包装物也在售价中了，实践中这些包装物的回收情况如何？

> **安全车辆制造**：包装物回收价格500元，最多两个月就能收回再利用，这种环保意识的推广还促进了销售，总体讲使用新包装后利润上升了。

> 目前的包装物销售时多缴了一次消费税。如果改成收取包装物押金的形式，比如每个包装物收取押金500元，这样押金就不用并入摩托车销售额中缴纳消费税了，也一样可以起到收回包装物的作用。

> **安全车辆制造**：就是销售价格改为29 500元，另外收取500元押金？

> 对，但要注意包装物押金在一年内收不回是要补缴消费税的。

> **安全车辆制造**：这个方法太好了。

【筹划工具】

────●─ 改变销售价格构成 ─●────

包装物由随同销售变为收取押金

203

小贴士：对于可回收包装物的企业，均可以使用此方法进行税收成本的规划。对于不可回收，或虽然可回收，但回收难度大、成本高的企业不适用于该工具。

【筹划效果】

筹划前，包装物作价连同摩托车一起销售，每辆销售价格为 30 000 元。

应纳消费税＝30 000÷（1＋13％）×1 000×3％＝796 460.18（元）

应纳增值税＝30 000÷（1＋13％）×1 000×13％＝3 451 327.43（元）

筹划后，每辆摩托车的销售价格为 29 500 元，另收取 500 元包装物押金，押金单独核算并且包装物一年内可收回。

应纳消费税＝29 500÷（1＋13％）×1 000×3％＝783 185.84（元）

应纳增值税＝29 500÷（1＋13％）×1 000×13％＝3 393 805.31（元）

如果包装物逾期未收回，押金没收，没收的押金只缴纳增值税不缴纳消费税。

经过筹划，可减少消费税和增值税共计 70 796.46 元。

【连线法条】

《中华人民共和国消费税暂行条例实施细则》（财政部 国家税务总局第 51 号令）第十三条规定，应税消费品连同包装物销售的，无论包装物是否单独计价以及在会计上如何核算，均应并入应税消费品的销售额中缴纳消费税。如果包装物不作价随同产品销售，而是收取押金，此项押金则不应并入应税消费品的销售额中征税。但对因逾期未收回的包装物不再退还的或者已收取的时间超过 12 个月的押金，应并入应税消费品的销售额，按照应税消费品的适用税率缴纳消费税。

对既作价随同应税消费品销售，又另外收取押金的包装物的押金，凡纳税人在规定的期限内没有退还的，均应并入应税消费品的销售额，应该按照应税消费品的适用税率缴纳消费税。

《财政部 国家税务总局关于调整消费税政策的通知》（财税〔2014〕93 号）第一条规定，取消气缸容量 250 毫升（不含）以下的小排量摩托车消费税。气缸容量 250 毫升和 250 毫升（不含）以上的摩托车继续分别按 3％ 和 10％ 的税率征收消费税。

《国家税务总局关于印发〈增值税若干具体问题的规定〉的通知》（国税发〔1993〕154 号）第二条规定，纳税人为销售货物而出租出借包装物收取的押金，单独记账核算的，不并入销售额征税。但对因逾期未收回包装物不再退还的押金，应按所包装货物的适用税率征收增值税。

《国家税务总局关于取消包装物押金逾期期限审批后有关问题的通知》（国税函〔2004〕827号）明确，纳税人为销售货物出租出借包装物而收取的押金，无论包装物周转使用期限长短，超过一年（含一年）以上仍不退还的均并入销售额征税。本通知自2004年7月1日起执行。

8.6.3 实木销售未签约，漏税偷税要杜绝

【问题场景】

安安公司是一家实木地板生产公司。2023年下半年，公司现金流明显出现问题，资金周转困难。经过梳理，财务总监赵有才发现，公司对业务员不考核回款情况，造成业务员对回款没有责任心。公司形成应收账款2 000万元，赵有才立刻咨询财务顾问马迎迪。

【筹划过程】

安安公司：2022年8月，我单位发给天天装修公司一批300万元的实木地板。因为是老客户了，这几年连合同都没签。以前每次发完货三个月内就给款了，这次到现在也没收到钱。因为没收到钱，我也没提消费税，这算不算漏税了？

这不仅是漏税，给你们定性为偷税也不过分。未约定收款日期，消费税纳税义务发生时间就是货物发出的当天，应当在2022年8月底计提并申报缴纳消费税。

安安公司：我这钱没收着，货也送出去了，税还得先缴？

还是要和对方协商签订合同。合同中可以列明"分期收款"的时间点，这样不但可以按时收款保护公司的利益，也可以在约定的收款日期来缴税，既合理也合法。

安安公司：以后就得这么办，再熟悉的客户，也要签订合同，避免偷税导致更为严重的后果。

【筹划工具】

● 通过结算方式改变收入确认时点 ●

表8-5 消费税确定收入结算时点的规则

序号	业务结算方式	收入确认时点（纳税义务发生时间）
1	直接收款方式	收货款或取得索取货款凭据的当天

序号	业务结算方式	收入确认时点（纳税义务发生时间）
2	托收承付和委托银行收款方式	发出应税消费品并办妥托收手续的当天
3	赊销和分期收款方式	合同约定收款日期的当天，没约定的为应税消费品发出的当天
4	预收货款方式	应税消费品发出的当天

小贴士：不同结算方式对应的增值税纳税义务发生时间，参考表1-1。

【筹划效果】

筹划前，合同中没有明确具体的收款日期和销售方式。企业需一次性缴纳全部货物的消费税和增值税＝300÷（1＋13%）×5%＋300÷（1＋13%）×13%＝47.78（万元）。

筹划后，销售人员在合同签订时明确以分期收款的结算方式销售，并约定3次具体的收款日期，企业就可以将税金按合同约定的收款时间分成3次缴纳。

经筹划，明确体现具体的销售方式和收款日期，推迟了纳税义务发生时间，充分发挥货币的时间价值，使企业的资金流健康流转。

【连线法条】

《中华人民共和国消费税暂行条例实施细则》规定，纳税人销售应税消费品的，按不同的销售结算方式分别为：采取赊销和分期收款结算方式的，为书面合同约定的收款日期的当天，书面合同没有约定收款日期或者无书面合同的，为发出应税消费品的当天；采取预收货款结算方式的，为发出应税消费品的当天；采取托收承付和委托银行收款方式的，为发出应税消费品并办妥托收手续的当天；采取其他结算方式的，为收讫销售款或者取得索取销售款凭据的当天。

《中华人民共和国消费税暂行条例》后附消费税税目税率表，实木地板税率为5%。